Anna Elisabetta Maria Bruno

DAVID MARIA TUROLDO

Anna Elisabetta Maria Bruno

DAVID MARIA TUROLDO

Credo, perciò sono libero

Edizioni Sant'Antonio

Imprint
Any brand names and product names mentioned in this book are subject to trademark, brand or patent protection and are trademarks or registered trademarks of their respective holders. The use of brand names, product names, common names, trade names, product descriptions etc. even without a particular marking in this work is in no way to be construed to mean that such names may be regarded as unrestricted in respect of trademark and brand protection legislation and could thus be used by anyone.

Cover image: www.ingimage.com

Publisher:
Edizioni Accademiche Italiane
is a trademark of
International Book Market Service Ltd., member of OmniScriptum Publishing Group
17 Meldrum Street, Beau Bassin 71504, Mauritius
Printed at: see last page
ISBN: 978-613-8-39391-7

INTRODUZIONE

Il tentativo di mettere a fuoco la figura di padre David Maria Turoldo, con precisione ed obiettività, è un' "impresa" impegnativa.

La personalità di Turoldo è multiforme, come la complessità della sua opera, e non è facile "condurre ad unità la complessità".

È stato un pensatore idealista, di un idealismo irriducibile, contrapposto al materialismo oggi giorno prevalente; è lottatore e difensore delle proprie idee. Pertanto, un "idealista lottatore" non poteva che diventare un trascinatore. Sa anche essere delicato e fragile in determinate circostanze[1].

La sua delicatezza consiste nel rispettare tutti gli uomini, santi e peccatori [2].

Un altro suo attributo è l'essere *gioioso*. La sua gioia di vivere si manifestava di fronte ad un buon bicchiere di vino sorseggiato in compagnia di chi "glielo aveva portato dalla sua terra". Trascorrendo parte del suo tempo, nel raccontare ed ascoltare barzellette, è presente in lui il dono della gioia.

Sapeva vivere con grande allegria anche nel dolore.

Infine, della sua intelligenza acuta, che egli considerava un "dono di Dio", ne fece un largo uso: nella poesia, nei pensieri, nelle azioni.

---

1 Cfr. MATTANA G., *Turoldo. L'uomo, il frate, il poeta*, Paoline, Milano, 2012, pp. 165- 166.
2 Ibidem, p. 109.

Colpiva la sua capacità di genio nell'improvvisare e nel volare alto col pensiero oltre le cose e di coglierne gli aspetti più importanti. Impressionante la sua volontà di dirigere questa straordinaria dote solo verso il bene [3].

Dai documenti consultati, e in particolare dalla sua storia biografica, emerge ancora un'altra peculiarità del suo temperamento: quella di essere, di volta in volta e in qualsiasi situazione, coerente con i suoi principi religiosi, morali e politici che si poneva.

È sempre consapevole del comando evangelico di "essere nel Mondo senza essere del Mondo" e che la sua vita è al servizio della Parola e del silenzio, in senso cristiano e artistico insieme.

Il suo impegno politico-sociale fu caratterizzato da una profonda umanità, sempre pronto al confronto dialettico [4].

Questo, e non solo questo, è il vero Turoldo. Soprattutto quando si fa voce dei poveri, abbandonati, afflitti e privi di affetti. Egli si lascia penetrare dalla sofferenza dell'umanità e se la porterà tutti i giorni della sua vita.

In questo lavoro si intende ripercorrere la storia e le opere di David Maria Turoldo, inserendo il dato biografico nel contesto storico, per ricostruire la sua presenza e la sua importanza nel mondo e nella Chiesa.

---

3 Cfr. FISCON A.- GRANDESSO E. (Ed.), *Testimonianza e poesia, David Maria Turoldo*, pp. 257-259, Edizioni del Noce, Camposampiero, Padova, 1993.

4 Cfr. MATTANA G., *Turoldo. L'uomo, il frate, il poeta*, op.cit., pp. 250.

Lo scopo è quello di far "parlare" lui, attraverso i suoi scritti, le sue poesie, le sue opere; "ascoltare" la sua voce, possente e fiammeggiante, nel Duomo di Milano, accorata quando si rivolge al mendicante, al bisognoso, all'oppresso, al debole; "meditare", nel silenzio, quando parla della sua collaborazione alla Resistenza fascista, mentre chiede a Dio la grazia di essere ribelle per amore della pace, della giustizia, della libertà.

La Bibbia è stato il grande lessico di Turoldo, perché è l'unico che può trasmettere la bellezza della preghiera, dell'amicizia e dello stare insieme da fratelli. Del grande amore che Dio dona sempre senza mai chiedere nulla.

Proverò a trasmettere la sua parola attraverso i suoi scritti, perché l'elemento fondamentale è sempre la pagina, la parola.

CAPITOLO I

Cenni del percorso di vita

1.1 La sua famiglia

Padre David Maria Turoldo nasce il 22 novembre del 1916 a Coderno, una frazione di Sedegliano in Friuli, da una famiglia molto povera e molto religiosa.

I genitori Gianbattista e Anna Di Lenarda, misero al mondo nove figli tra maschi e femmine, l'ultimo della "nidiata" fu Giuseppe.

La famiglia abitava in una casa costruita con sassi di fiume dove non vi era neppure elettricità e l'illuminazione era fornita da poche candele.

> *«Ricordo le candele della mia infanzia. Io ho molti ricordi sulle candele di maggio intorno all'altare della Madonna del mio paese. Sembrava un bosco di candele, una piccola foresta in fiamme (...) nella nostra casa ardeva solo una candela per volta, in mezzo alla tavola; e poi una nella camera di papà e mamma, e due nel nostro stanzone dove si dormiva: una specie di granaio. Appena due o tre candele insieme, una qui e una là, a scatenare ombre incrociate e danzanti sulle ruvide pareti e sul soffitto(...)»*[5].

Entrambi i genitori erano friulani di vecchio stampo: lavoratori indefessi,

---

5 TUROLDO D.M., *Mia infanzia d'oro*, Servitium, Milano, 2012, pp. 15-16.

abituati ai sacrifici che la povertà imponeva loro insieme ad un innato senso della giustizia, valori questi che trasmetteranno ai loro figli, tanto che, padre David per difendere gli stessi si batterà, creandosi molti avversari [6].

Da piccolo, Giuseppe andava a spigolare dietro i mietitori; altro dovere dell'ultimo arrivato era quello di andare a legna, mentre gli altri fratelli più grandi di lui imparavano il mestiere [7].

La famiglia non possedeva terre e il padre, con la carriola e la falce, puliva gli argini delle strade del Comune. A Giuseppe toccava accompagnare al pascolo le due pecore e l'unico agnello [8].

> *«Io ho visto mio padre qualche giorno mangiare la saggina, il sorgo rosso strigliato dai pinnacoli delle canne con cui si fabbricavano le scope, le belle scope di quel tempo. Ma la saggina era così dolciastra (anch'io ho provato a mangiarla)... roba per porci»*[9].

Una volta finite le elementari anche Giuseppe doveva decidere per la sua vita: o lavorare la terra degli altri, come suo padre, oppure imparare un mestiere per poi emigrare come i fratelli.

La maestra delle elementari si accorse subito delle possibilità intellettive del piccolo Turoldo e lo incitò a continuare gli studi sebbene non riuscisse ad

---

6 Cfr. MATTANA G., *Turoldo. L'uomo, il frate, il poeta*, op.cit., pp. 23-25.
7 Ibidem, p. 27.
8 Ibidem, p. 26.
9 TUROLDO D.M., *Mia infanzia d'oro*, p. 30.

esprimersi in italiano [10].

A quei tempi andare a scuola non era per tutti. I figli dei benestanti potevano permetterselo, mentre i figli dei contadini e dei poveri dovevano aiutare i genitori sin da piccoli.

Continuare gli studi dopo le elementari era privilegio dei ricchi e il piccolo Giuseppe non era tra questi, ma per sua fortuna oltre all'insegnante delle elementari, anche don Adamo De Simone, il prete del paese e vicario di Coderno, che voleva un gran bene a quel chierichetto sempre più composto e pio, non perse l'occasione per invogliarlo ad andare avanti negli studi.

Sebbene la mamma non condividesse l'idea che il suo Giuseppe potesse diventare frate e tantomeno prete, perché riteneva questa scelta, cosa troppo grande per un componente della famiglia più povera del paese.

A soli tredici anni entrò nel convento dell'Ordine religioso dei Servi di Santa Maria del Cengio a Isola Vicentina, grazie all'interessamento di don Adamo, per frequentare il ginnasio [11].

«Una condizione da sempre mi dilania,
di sentirmi ancora orrendo: come
da fanciullo i compagni mi isolavano
anche dal gioco: quando
pensavo d'essere

10 Ibidem, p. 28-29.
11 Ibidem, p. 28-29.

"una disumana cosa".
Ma una cella di frate mi fu dolce asilo
Ove proclamarmi alla pari
Con l'intero universo, e cantare
Libero
La mia dignità.
Pur se ogni giorno
Da ogni strada vado
Chiedendo in segreto
Grazie di esistere»[12].

1.2 La scelta di vocazione

Chi può dire come nasce una vocazione? Certo non è una scelta pianificata, tanto meno la si può definire un colpo di fulmine.

E perché David Maria Turoldo decise di essere frate anziché sacerdote diocesano, privo del voto di povertà?

Una risposta potrebbe essere quella di non tradire la povertà dei genitori e dei fratelli. Padre David in tal senso è esplicito:

> *«I poveri sono stati la causa della mia vocazione, i poveri sono il contenuto della mia fede, fonte di ispirazione della mia poesia e della mia predicazione. Per loro mi sono fatto voce; sempre a sognare i grandi sogni di umanità e di giustizia»*[13].

---

12 TUROLDO D.M., *Mia infanzia d'oro*, Servitium, Milano, 2012, pp. 74-75.
13 NICOLAI PAYNTER M., *Perché libertà sia libera. Memorie, confessioni, riflessioni e itinerario poetico di David Maria Turoldo*, Rizzoli, Milano, 1992, p. 34.

Una seconda risposta, forse, consiste nel fascino che subiva nell'osservare i frati serviti, quando la madre lo conduceva al santuario della Vergine di Udine, per chiedere alla Madonna la grazia del pane quotidiano [14].

Lui stesso ne parla:

> *«Quando sono partito non è che io avessi chiara in mente la mia vocazione, non è che sapessi dove sarei approdato(...). Circa i problema della vocazione non si possono fare discorsi standard. O forse non bisognerebbe fare nessun discorso. Dire come nasca una vocazione credo che sia più difficile che dire come nasce un fiore: perché quel fiore, e in quel modo, eccetera (...). Non si può specialmente in fatto di una vocazione così coinvolgente com'è quella religiosa, fare astrazioni, procedere con alchimie. Mi sento di dire che tutto è grazia, in questo caso anche la miseria»* [15].

1.2.1 L'indole poetica

In seconda ginnasio fu allievo di padre Giulio Zini «maestro unico e sublime, insuperabile di *humanitates* e buon poeta» come lo definiva padre Turoldo. Insegnante di letteratura classica, non trascurava i letterati del tempo, quali Ungaretti. Quasimodo, Montale, nella prima metà degli anni trenta, autori introdotti poi nella scuola pubblica del dopoguerra e oltre.

Appena concluso il corso dei cinque anni ginnasiali frequentato da Turoldo e da De Piaz, suo amico inseparabile, padre Zini partì per le missioni del Sud

---

14 Cfr. MATTANA G., *Turoldo. L'uomo, il frate, il poeta*, op.cit., pp. 29-30.
15 NICOLAI PAYNTER M., *Perché libertà sia libera*, op.cit., pp. 41-42.

Africa esiliandosi volontariamente per difendere la propria fedeltà all'Ordine servita.

A lui, Turoldo dedicherà il suo primo libro di poesie "*Io non ho le mani*", e disse che se si era fatto frate, il merito o la colpa era sua [16].

> *«Nel 1935, dunque il professore Zini disse alla scolaresca, compreso anche il ginnasiale Turoldo, di fare un tema libero: ciascuno poteva scrivere quello che voleva.(...)A Turoldo viene in mente di descrivere il lamento di un uccello che si era ferito nel bosco; e questo in poesia. Quando arriva il suo turno, inizia a leggere, ma dopo due o tre versi i suoi compagni scoppiano in una risata così irrefrenabile che neppure il professore è in grado di controllarla. Turoldo temta imperterrito di proseguire la lettura, ma a ogni nuovo verso, le risate aumentano (...). L'improvvisato poeta si irrita, si sente umiliato e con rabbia straccia i fogli della sua poesia, si mette a piangere e batte un pugno violento sul banco gridando: "Io scriverò sempre poesie" »* [17].

Padre Zini scoprì in lui "il poeta" e lo incoraggiò a continuare a scrivere poesie. Mantenne l'impegno e nacque un poeta [18].

1.3 La vita in seminario

Le regole del seminario ai tempi di Turoldo e del suo amico De Piaz erano molto severe. Imponevano di fare cosa e cosa non fare, cosa leggere e non leggere, cosa dire e cosa non dire, e come dirle, cosa pensare e non pensare.

---

16 Cfr. MATTANA G., *Turoldo. L'uomo, il frate, il poeta*, op.cit., pp. 31-32.
17 Ibidem, p. 32.
18 Ibidem.

Soprattutto Turoldo non accettava la proibizione di leggere alcun giornale, e persino la lettura pensieri di Pascal. La Bibbia era quasi proibita, tabù. [19]

Bernanos scrive nel "*Diario di un parroco di campagna*": «Il seminario non è il mondo. La vita al seminario non è vita»[20].

Tuttavia Camillo De Piaz, ad un'analisi lucida e puntuale delle condizioni imposte ai seminaristi, non poté fare a meno di riconoscere anche i vantaggi ricevuti. La scelta del seminario mise loro al riparo dalla violenza della guerra, rispetto ai loro coetanei. Si trovarono così ad essere obiettori di coscienza *ante litteram*, grazie al concilio tra Stato e Chiesa, al quale non si poteva pensare, senza una qualche vergogna.

Impararono pertanto a maturare una propria coscienza religiosa ed ecclesiale, scevra da manipolazioni e confische, che apparteneva solo a loro, e se si vuole, una coscienza di origine laica[21].

Turoldo, in quegli anni, era molto esuberante e la sua esuberanza si manifestò, fra l'altro, nella formazione di un gruppo filodrammatico da lui diretto, ma i suoi superiori ritennero tale attività molto mondana e la bocciarono.

Terminato il liceo, iniziò gli studi umanistici e teologici, interrotti dalla malattia polmonare che già, negli anni della fanciullezza, a causa della fame e

---

19 Ibidem, p. 36.
20 GOZZINI G., *Sulla frontiera. Camillo De Piaz, la Resistenza il Concilio e oltre*, p. 18, Scheiwiller, Milano, 2006.
21 Cfr. PRATO D., *Le ore*, Scheiwiller, Milano, 1987, p. 91.

del freddo, lo aveva afflitto. Ma questa volta, curato in sanatorio, l'affezione fu del tutto assorbita.

Il 30 ottobre del 1938 pronunciò i voti solenni e il 1940 fu ordinato sacerdote a Santa Maria di Monte Berico di Vicenza[22].

1.4 Primo periodo di Milano

Prima della fine dello stesso anno (1940), padre David e padre Camillo furono mandati a Milano, per poter frequentare l'Università Cattolica, nel convento di Santa Maria dei Servi in San Carlo, nel centro di Milano.

Il passaggio della vita seminaristica a quella sacerdotale fu per Turoldo un trauma.

I due novelli sacerdoti si sentirono come catapultati in una realtà confusa, commerciale, industriale, ostile, quale appariva loro la metropoli milanese.

A Turoldo gli sembrava di navigare in un mare di nebbia, con urti improvvisi contro scogli non immaginati.

Padre David fu mandato a celebrare messa in un istituto di suore. Si recava a piedi per vie deserte e immerse nelle tenebre a causa dell'oscuramento. Gli tornavano alla mente le parole di suo padre: «C'è sempre un peggio che ha da nascere», parole molto giuste ma che non attutivano l'urto.

---

22 Cfr. MATTANA G., *Turoldo. L'uomo, il frate, il poeta*, op.cit., pp. 34-35.

Non c'era altro da fare per i due amici confratelli se non di agire, di buttarsi, di osare[23].

La vita del convento non era certo molto comoda, ogni giorno vi erano funerali da attendere per racimolare qualche soldo per la comunità.

Ma non finiva qui! Al trauma si aggiungeva la frustrazione come quella della durata della messa in un convento di suore: non doveva superare la mezz'ora. Poiché non riusciva a rispettare quel tempo, non gli permisero di continuare le celebrazioni[24].

> *«Siccome non riuscivo a stare dentro la mezz'ora, non mi hanno permesso di andare più, perché si rompeva l'orario»*[25].

Il colmo fu raggiunto in occasione di una messa funebre, concelebrata con un prete diocesano, il quale:

> *«Assunto il calice alla Comunione, rivolgendosi all'inserviente nel gesto di prendere l'acqua della purificazione, uscì con questa battuta: "non era neppure buono a condire l'insalata". E io che già avevo in mente di puntare tutto sulla liturgia! Tornati a casa, padre Camillo e io –perché eravamo sempre insieme-ci ribellammo: basta. Non andiamo più a funerali! Successe un pandemonio. Ma non ci scoraggiammo; e cominciammo le nostre battaglie anche in convento»*[26].

---

23 Cfr. NICOLAI PAYNTER M., *Perché libertà sia libera*, op.cit., pp. 102-103.
24 Cfr. MATTANA G., *Turoldo. L'uomo, il frate, il poeta*, op.cit., p. 38.
25 TUROLDO D. M., *Il fuoco di Elia profeta*, a cura di E. Gandolfi Negrini, Piemme, Casale Monferrato, 1993, p. 56.
26 Cfr. NICOLAI PAYNTER M., *Perché libertà sia libera*, op.cit., p. 103.

1.4.1 L'università

Per accedere all'università, padre Turoldo e padre De Piaz dovettero sostenere gli esami di maturità presso il Liceo Statale Berchet e superati gli esami, padre Camillo si iscrisse alla facoltà di Lettere moderne e padre David alla facoltà di Filosofia.

La frequentazione universitaria diede loro l'opportunità di conoscere stimati docenti, tra cui Mario Apollonio, Luigi Santucci, Amintore Fanfani i quali lasciarono segni indelebili nella loro formazione culturale [27].

Sarà proprio Apollonio, scoperta l'indole poetica di Turoldo, ad incoraggiarlo a raccogliere le poesie degli anni verdi e a lanciare il suo primo libro di poesie "*Io non ho le mani*", che meritò il Premio Saint-Vincent nel 1947.

Turoldo lo ricorda così:

> *«Quel giorno che il mio maestro di università (anche questo: che maestro!) Mario Apollonio, professore di italiano alla Cattolica, dopo aver letto le mie prime scartoffie su cui avevo "buttato giù" i primi versi, mi disse: "Qui c'è dell'Ungaretti!". Io arrossii come un colpevole [...] e gli dissi: "Non ho letto Ungaretti"; e lui, per consolarmi, con quella sua straordinaria amabilità di sempre: "Non importa, si vede che è nell'aria" [...] Di Ungaretti diventai amico, fu lui a scrivere la presentazione della mia seconda raccolta di poesie Udii una voce»* [28].

La raccolta di poesie *Udii una voce* esce nel 1952 dal titolo che porta una

---

27 Cfr. GOZZINI G., *Sulla frontiera*, op.cit., p. 30.
28 TUROLDO D. M., *La mia vita per gli amici. Vocazione e resistenza*, Mondadori, Milano 2001, pp. 45-46.

premessa di Ungaretti e la dedicò al suo maestro Mario Apollonio[29].

Maestro nel senso migliore della parola, perché rispettava qualunque opinione dei suoi discenti e padre Turoldo, pur scontrandosi spesso con lui, sapeva di poter usare la massima libertà[30].

Luigi Santucci, assistente della Cattolica, era anch'egli amico carissimo dei due serviti con i quali fece parte della Resistenza e collaborò alla redazione del giornale clandestino "*L'Uomo*"[31].

"Gli amici della prima ora" come Turoldo chiamava, Merlin, Testoni, Del Bo e tanti altri ancora, lo aiutarono a superare il trauma dell'impatto con la realtà milanese e a incoraggiarlo sulle sue iniziative che essi stimavano in linea con il Vangelo e con la Chiesa.

Senza questi amici e collaboratori, forse David non avrebbe resistito. Formavano un gruppo e un movimento attivo e coeso.

"Gli amici di dopo" furono Giorgio La Pira, Giuseppe Lazzati, don Mazzolari, padre Bevilaqua, don Zeno di Nomadelfia, e ancora tanti altri più giovani: Balducci, Vanucci, Gozzini e La Valle, e poi tutti i fondatori della comunità di base, i veri eredi dello spirito della Resistenza, uomini che non hanno mai

---

29 Cfr. MATTANA G., *Turoldo. L'uomo, il frate, il poeta*, op.cit., p. 41.
30 Cfr. FISCON A.- GRANDESSO E. (Ed.), *Testimonianza e poesia*, op.cit., p. 228.
31 Cfr. MATTANA G., *Turoldo. L'uomo, il frate, il poeta*, op. cit., p. 41.

tradito[32].

Una cosa è certa, due giovani frati, come De Piaz e Turoldo, con poche esperienze pastorali ma con grandi motivazioni ideali e religiose, riuscirono a coinvolgere persino i loro amici docenti dell'Università Cattolica. Dal loro contributo nacque il giornale "*L'Uomo*"[33].

1.4.2 Per una ontologia dell'uomo

Padre Turoldo si laurea alla Cattolica di Milano nel 1946 con una tesi dal titolo "*La fatica della ragione. Contributo per un'ontologia dell'uomo*", discussa con il filosofo Gustavo Bontadini [34].

David è un giovane del suo tempo, tormentato e imbevuto da un esistenzialismo di stampo Heideggeriano che si ferma all'esistenza dell'uomo solo sulla terra. La sua speculazione filosofica parte dalla necessità della ragione di dare una risposta esaustiva sui fini dell'esistenza [35].

Turoldo s'interroga così sul significato della fede, mettendo in gioco se stesso. L'anelito dell'uomo, limitato e finito, verso l'eterno e l'infinito, è comune a tutti gli esseri umani. Ciò provoca nell'uomo l'infelicità, perché l'infinito e il limitato non sono conciliabili. Né la ragione potrà superare le limitazione

---

32 Ibidem, pp. 42-43.
33 Ibidem, p. 43.
34 Cfr. MATTANA G., *Turoldo. L'uomo, il frate, il poeta*, op.cit., p. 250.
35 Ibidem, p. 60.

umana del tempo e dello spazio[36].

Con ciò padre Turoldo, un uomo di fede, assume una posizione critica verso Heidegger e lo supera inoltrandosi nell'esistenzialismo di Kierkegaard nella sua via verso il trascendente[37].

Purtroppo non ci si può soffermare sulle meditazioni turoldiane che meriterebbero una ben più ampia e profonda riflessione. Ma questa "fame di eterno" lo spinge a metterla in versi:

> *«I poveri non hanno speranza,*
> *non possono avere speranza, il dio della terra non è con i poveri»*
> *Ma allora perché non interviene il Dio dei cieli?*
> *«Tu Cristo non dici più niente,*
> *sei muto più del cemento»*[38].

In realtà, quelli che di primo acchito possono sembrare versi disperati, sono pieni di atti di fede, perché Turoldo crede in Cristo, quindi nella sua salvezza.

---

36 Ibidem, p. 56.
37 Ibidem.
38 Ibidem, p. 52.

CAPITOLO II

Dalla Resistenza al dopoguerra

2.1 Gli amici

Attorno al 1940-41, quando padre David e padre Camillo arrivarono a Milano, in piena guerra, un notevole numero d'italiani non si lasciava più incantare dalla propaganda fascista e sperava in un crollo del regime, anzi aumentava il numero di coloro i quali contribuivano ad accelerarne il processo della sua caduta e padre David era tra questi[39].

Nel 1943, dopo lo sbarco degli angloamericani in Sicilia e il colpo di Stato del 25 luglio dello stesso anno, l'Italia, rompendo l'alleanza con i tedeschi, firma l'Armistizio con gli angloamericani. Malgrado il caos generale, fu subito Resistenza[40].

Durante l'occupazione fascista di Milano, padre Turoldo collaborò con la Resistenza fondando con padre De Piaz il foglio clandestino "*L'Uomo*".

---

39 Cfr. MATTANA G., *Turoldo. L'uomo, il frate, il poeta*, op. cit., p. 43.
40 Ibidem, p.32.

2.2 Uscita del foglio "L'Uomo"

L'idea di far uscire "*L'Uomo*"[41] fu di padre David e padre Camillo, entrambi studenti dell' università cattolica, e di Dino Del Bo, esponente *in fieri* della nascente Democrazia Cristiana e di altri professori dello stesso ateneo[42].

In quel periodo, i due serviti erano coinvolti nel «Movimento spirituale per l'Unità d'Italia», fondato da docenti e studenti della stessa Università sopracitata. La sede del movimento era proprio presso il convento dei serviti di San Carlo, a pochi metri dal *Kommandantur* nazista che aveva requisito una parte del medesimo convento[43].

Intanto, l'iniziale gruppetto giovanile di padre David, diventò forte e numeroso, aderì al movimento di cui *L'Uomo* divenne l'organo clandestino.

Grazie al gruppo, il giornale fu diffuso in migliaia di copie nelle principali città del nord Italia[44].

2.2.1 Salvare l'uomo

L'impegno della difesa dell'uomo, avvertito da Turoldo come volto di Dio,

41 Concepito dopo il 25 luglio, il foglio clandestino "L'Uomo" comincia ad uscire proprio l'8 settembre 1943 come organo sino al 1 settembre 1946: note politiche e di costume, temi religiosi, recensioni, pagine creative di prosa, poesia, teatro. GOZZINI G., *Sulla frontiera*, op. cit., p. 38 e p.60.

42 GOZZINI G., *Sulla frontiera*, op. cit., p. 38.

43 Cfr. MATTANA G., *Turoldo. L'uomo, il frate, il poeta*,op.cit., p. 44.

44 Ibidem, p. 45.

durò tutto l'arco della sua vita e aumentò a dismisura dopo la scoperta della disumanizzazione, del degrado e dell'annientamento dell'uomo stesso.

In quel particolare periodo storico, in piena guerra, le città italiane e soprattutto quelle industriali come Milano e Torino, venivano colpite dalle incursioni aeree che rendevano sempre più dure le condizioni di vita della gente del popolo.

Tante le vittime e moltissime le abitazioni distrutte. La fame, il freddo, la malnutrizione mietevano vittime.

Nelle industrie milanesi, impegnate nella produzione di armi e altro, i turni di lavoro erano durissimi e le condizioni di vita dei sopravvissuti, al limite della sopportazione. L'incubo delle bombe e l'incertezza del domani era assillante[45].

> *«(...) Da una parte, l'avvilimento e la distruzione dell'uomo (e pensare che non si sapeva ancora nulla dei campi di concentramento, dei forni crematori!); da una parte (...), il degrado e l'annientamento dell'uomo; dall'altra il bisogno di riaffermare l' "uomo" come unica possibilità di sopravvivenza e di continuità della storia»*[46].

Da parte di padre David, il bisogno di riaffermare l'uomo come unica possibilità di sopravvivenza e di continuità della storia, si fa impetuoso.

---

45 Cfr. GOZZINI G., *Sulla frontiera*, op.cit., p. 30-31.
46 NICOLAI PAYNTER M., *Perché libertà sia libera*, op.cit., p. 73.

Perciò Turoldo decide di chiamare il suo giornale "*L'Uomo*", perché questa era l'essenza stessa del programma del gruppo: salvare l'uomo sia nello spirito sia nella carne, riscoprirne i valori, difenderne i diritti. «*Se vuoi vedere Dio, devi guardare in faccia l'uomo*», insiste Turoldo. Come tale, l'uomo diviene santo e santificato[47].

Qualsiasi violenza, abuso, sopruso perpetrato a danno dell'uomo, da parte di chicchessia, dei sistemi politici o economici, persino da parte di una Chiesa che non rispetta l'uomo o che non lo difende, è condannabile.

L'idea di percepire l'uomo come volto di Dio, forse è legata ad un episodio da lui stesso riportato in un suo libro "*La parabola di Giobbe*"[48].

Turoldo, ancora bambino, fu colpito alla vista di un triangolo con al centro un occhio, e domandò a suo padre il significato: «Quello è il simbolo della Trinità» gli rispose «L'occhio è quello di Dio che vede e controlla tutto e tutti». Quell'occhio divenne un incubo che lo accompagnò per molti anni.

Ma al tempo del collegio, per sua fortuna, incontrò un frate cappuccino della Dalmazia, padre Leopoldo, e andò da lui a confessarsi, ma durante la confessione non parlò della "persecuzione" dell'occhio di Dio[49].

Purtuttavia, padre Leopoldo gli disse:

---

47 Cfr. MATTANA G., *Turoldo. L'uomo, il frate, il poeta*, op.cit., p. 45.
48 Ibidem, pp. 45-46.
49 Ibidem, p. 46.

«Senti, figliolo, ti do un consiglio: cerca di vedere Dio, tutto Dio (...) in tutti e dappertutto (anche vederlo in tutti è difficile: in quelli che ti vogliono bene e in quelli che ti fanno del male, che ti lodano o ti biasimano, oppure ti condannano, nei simpatici e negli antipatici!). Se riuscirai a vedere così, allora capirai molte cose, e tu sarai sempre sulla strada buona, la strada di Dio»[50].

2.3 La liberazione

La durata del foglio clandestino "*L'Uomo*" non si ferma con la liberazione ma va dall'8 settembre 1945 al 10 settembre 1946[51]. Raggiunta la libertà di espressione urgeva educare i giovani ai valori della democrazia, dopo che la dittatura fascista aveva imposto loro di leggere solo certe stampe[52].

Afferma Santucci:

> *«L'Uomo si apre al mondo libero con un sentenziare politico un po' escatologico, che sta tuttavia a provare - pur tra illusioni e ingenuità - la forte carica individualistica di una visione politica, non contaminata da intenzioni riduttive, strumentali, di potere»*[53].

Sul giornale non mancano nei testi poetici di Turoldo, molto toccanti quando parla di "case diroccate", del "pianto dei morti" di lager di Mauthausen e di Dachau. E ancora nel cuore di Milano "c'è una povera

50 TUROLDO D. M., *La parabola di Giobbe*, a cura di. Levi A., Cens, Cernusco sul Naviglio, 1992, p. 207.

51 In questo periodo vi sono quarantadue uscite del giornale "L'Uomo" sotto la direzione di tre responsabili: Mario Apollonio, Gustavo Bontadini e Dino Del Bo, mentre Angelo Romanò si occupa del coordinamento redazionale. MATTANA G., *Turoldo. L'uomo, il frate, il poeta*, op.cit.,p. 48.

52 Ibidem, p. 48.

53 CRESPI S. (Ed.), *L'uomo. Pagine di vita morale*, Biblioteca di «Otto/Novecento», Milano, p. XVIII.

in via Ciovasso" come immagine di salvezza[54].

«C'è una povera in via Ciovasso
Che non può più camminare,
e dorme entro giornali
nessuno di quelli che stanno
di sopra
ha tempo di scendere a salutare.
Per lei è di troppo un po' di scatole per guanciale
E stare nel cuore di Milano». (Povera che dorme entro giornali)[55]

Nella raccolta di poesie "*Io non ho le mani*" è inconfondibile la testimonianza di un frate-poeta, di un cristiano di frontiera, sempre in bilico tra sconforto e speranza, lotta e preghiera [56].

Nei fogli de "*L'Uomo*" della post-Resistenza s'incontrano e si scontrano posizioni di uomini provenienti da diverse formazioni: Apollonio storicista, Bontadini e la sua Sinistra Cristiana, Del Bo che appartiene alla nascente Democrazia Cristiana. Ma se l'intento è unico, allora il gruppo si trova sempre in sintonia: avversare il Materialismo della dottrina Liberale che ha portato al Capitalismo e ostacolare la sua penetrazione tra le categorie sociali sono fra le priorità che ci si pone[57].

---

54 Cfr. MATTANA G., *Turoldo. L'uomo, il frate, il poeta*, op.cit., pp. 48-49.
55 TUROLDO D. M., *Io non ho le mani*, Bompiani, Milano, 1948.
56 CRESPI S. (Ed.), *L'uomo. Pagine di vita morale*, op.cit., pp. XXX-XXXI.
57 Cfr. MATTANA G., *Turoldo. L'uomo, il frate, il poeta*, op.cit.,p. 50.

Turoldo non esita a inveire contro ricchi e potenti. Fin dai tempi della lotta partigiana, era schierato con la Sinistra Cristiana, che divenne poi un partito che accettava il Marxismo, ma dopo pochi mesi fu sciolto per la condanna dell'autorità ecclesiastica[58].

La condanna colpì anche Turoldo il quale ai tempi della Resistenza, era stato animatore del "Gruppo di giovani di San Carlo" e poi egli stesso mise in collegamento con il "Fronte della Gioventù" ispirato dal comunista Eugenio Curiel.

Il suo idealismo lo porta a dire che il Socialismo può essere ateo, dipende però da chi lo professa. Può anche non esserlo perché tale posizione si apre all'uomo e può incontrarsi con Dio; invece il Capitalismo, in quanto ideologia, è solo atea e non potrà mai avere questo incontro.

La posizione politica di Turoldo era analoga a quella di Bontadini, ma se Bontadini fu esente da conseguenze, Turoldo, invece, subì veti, rimproveri, calunnie, esilio[59].

58 Ibidem, pp. 49-50.
59 Ibidem, pp. 51-52.

CAPITOLO III

L'eresia ambrosiana

3.1 Le prediche nel Duomo

Nel 1943, padre Turoldo era impegnatissimo in molte attività: gli studi all'università, l'impegno sacerdotale, il compito di seguire il gruppo giovanile di San Carlo, il giornale "L'Uomo", il Comitato di Liberazione Nazionale[60] sempre coadiuvato dal suo inseparabile amico padre De Piaz.

> *«Chiedo il suo aiuto perché lui è di un'altra qualità di intelligenza: a differenza di me, egli è un cervello critico, rigoroso oltre che essere una coscienza austera; un frate soprattutto libero: tanto credente quanto laico; attento e rispettoso dello spirito e delle istituzioni. Uno, anche lui, messo e tenuto al bando dalla gerarchia: tutti e due sorvegliati speciali»*[61].

L'11 novembre dello stesso anno, si aggiunge all'elenco anche la predica domenicale nel Duomo nel periodo d'Avvento.

Il card. Schuster, arcivescovo della città, lo invitò a tenere la predicazione domenicale presso il Duomo di Milano e l'incarico perdurò per dieci anni,

---

60 Il Comitato di Liberazione Nazionale lo aveva incaricato ad assistere le famiglie dei perseguitati di guerra e latitanti, non solo spiritualmente ma anche economicamente. Cfr. MATTANA G., *Turoldo. L'uomo, il frate, il poeta*, op.cit., p. 68.

61 MATTANA G., *La mia vita con gli amici*, Mondadori, Milano, 2001, p. 63.

non senza incidenti di percorso, arginati grazie al suo appoggio.

Il cardinale si raccomandò di predicare il Vangelo e solo il Vangelo[62].

La voce tonante e suadente di padre David cominciò a risuonare nel Duomo alla messa di mezzogiorno e mezzo[63]. Era frequentata dalla Milano bene di tutte le tendenze politiche, vi partecipavano studenti e intellettuali, belle signore della buona società, era diventato un evento culturale, anche se non mancavano da parte di Turoldo rimproveri impliciti come: «Io mi auguro che questo sia il primo dei vostri Natali cristiani» come se gli altri trascorsi fossero stati Natali pagani.

Tuttavia, la gente accorreva in grande quantità ad ascoltare le prediche piene di rimproveri ed erano intellettuali gli stessi che lo avrebbero seguito in altre attività umanitarie[64].

3.2 La messa della carità

La Corsia dei Servi era un punto di riferimento di amici e di gruppi, una cassa di risonanza di quelle voci non tanto gradite che allora cominciavano a farsi sentire.

Il maggio del 1948, forte dell'Ascensione, Turoldo introduce nel convento di

62 Cfr. MATTANA G., *Turoldo. L'uomo, il frate, il poeta*, op.cit., p. 69.
63 Cfr. GOZZINI G., *Sulla frontiera*, op.cit., p. 32.
64 Cfr. MATTANA G., *Turoldo. L'uomo, il frate, il poeta*, pp. 69-70.

San Carlo la " Messa della carità", che non aveva lo scopo di raccogliere elemosine per i poveri, quanto di risolvere i casi umani alla radice.

Venivano così coinvolti avvocati, medici, insegnanti che prestavano le proprie opere gratuitamente per amicizia e solidarietà.

Non c'è da meravigliarsi quindi che le persone impegnate nella "Messa della carità", alcune delle quali appartenenti all'alta borghesia milanese, come la famiglia Pirelli, si siano seriamente impegnate nel sostenere l'esperienza di Nomadelfia, la città di don Zeno, che si contrapponeva alla carità intesa come elemosina che non mette in contatto diretto il ricco che dà e il povero che riceve[65].

3.3 La Corsia dei Servi

Padre David e padre Camillo, i due serviti inseparabili, sognavano una comunità destinata a svolgere la funzione che pensavano fosse propria della Chiesa.

In altre parole, una Chiesa come asilo sicuro per tutti, credenti e non credenti, uno spazio libero, un porto tranquillo, accogliente, materno e fraterno, per rigenerare le proprie forze e poi ripartire verso scelte ponderate e responsabili.

Questo modo "anti corporativo" di intendere la Chiesa era il pensiero che

---

65 Cfr. GOZZINI G., *Sulla frontiera*, op.cit., p. 113.

animava la Corsia dei Servi.

«Avevo preparato la targa da fissare sull'ingresso con la scritta "Comunità cristiana di San Carlo», dice Turoldo, ma la Curia gliela fece togliere subito perché quel nome sapeva di "protestantesimo".

Comunque, intorno ai due serviti, si formò un piccolo gruppo di fedeli laici intellettuali con i quali leggere e meditare le lettere di San Paolo.

Da questa frequentazione, nacque l'idea della Corsia, come centro culturale e libreria[66].

Tuttavia, a causa di quel comportamento poco convenzionale, furono guardati con sospetto anche perché, la partecipazione dei laici ad iniziative ed associazioni cattoliche, presupponeva la presenza di un assistente ecclesiastico, in veste di garante.

Prendiamo come esempio l'Azione Cattolica, gli oratori ed anche i cineforum che facevano capo a un prete. Invece Turoldo e De Piaz, tra le macerie della sacrestia, dovute al periodo di guerra concluso da poco, avevano avviato il "Cinema-Studio", antesignano dei futuri cineforum senza supervisore ecclesiastico. Era sorto così un gruppo spontaneo ante litteram, all'insegna di una grande libertà interiore[67].

---

66 Cfr. GOZZINI G., *Sulla frontiera*, op.cit., pp. 87-88.
67 Ibidem, pp. 88-89.

In San Carlo, avevano disposto da un lato il centro e la libreria, e non solo, perché presto si farà centro editoriale al fine di proporre nuove stampe, anche straniere, come *Dio e l'inconscio* di Vietar White, il libro di Maritain intitolato *Le leggi della storia,* che non si poteva e non si doveva stampare[68]. Ma Turoldo, con il benestare del card. Montini, lo mise in stampa [69].

Inoltre, l'*Agonia della Chiesa* del card. Emmanuel Suhard, vescovo si Parigi, fu stampato nella sua casa editrice e, fu Turoldo a far conoscere Edit Stein; poi ancora il libro di don Milani *Esperienze pastorali*, naturalmente proibitissimo[70].

Per capire come nasce la Corsia è necessario conoscere il clima della Milano post-resistenziale, laddove parole come libertà, uguaglianza e fraternità non appartengono al passato ma fanno parte dell'attualità d'allora. Essa si colloca nel rapporto del mondo cattolico con la sinistra durante la Resistenza e nel legame profondo che si crea durante la lotta di Liberazione[71].

Ma erano anche i tempi di papa Pacelli e da Roma si controllava tutto, si sapeva tutto, anche ciò che si predicava dai pulpiti, quello che si diceva per strada o in qualche privato ritrovo[72].

---

68 NICOLAI PAYNTER M., *Perché libertà sia libera*, op.cit., p. 81.
69 Cfr. MATTANA G., *Turoldo. L'uomo, il frate, il poeta*, op.cit., p. 75.
70 Ibidem, p. 74.
71 Cfr. GOZZINI G., *Sulla frontiera*, op.cit., p. 89.
72 Cfr. NICOLAI PAYNTER M., *Perché libertà sia libera*, op.cit., p. 92.

3.4 La riforma della liturgia

In questi anni Turoldo, sostenuto da padre De Piaz si occupò anche della liturgia da rinnovare[73].

Incominciò a far capire ai fedeli ciò che il sacerdote diceva durante la messa. Fino allora, mentre il sacerdote recitava preghiere in latino dall'altare, i fedeli recitavano il rosario ognuno per conto suo oppure chiacchieravano con il vicino o ci si annoiava[74].

I due serviti decisero di imporre la messa in italiano incominciando dai Salmi, poi con il Vangelo, sino a giungere alle preghiere.

Le prime critiche giunsero dalla stessa curia di Milano, anche se il card. Schuster si schierò dalla loro parte, consigliando di farlo a porte chiuse, per non scandalizzare il popolo e per evitare che Roma potesse intervenire.

Dopo una lunga attesa, giunge il benestare, valido per una sola messa, in una sola chiesa e *ad experimentum*. A Milano fu scelta la chiesa di San Carlo al Corso[75].

Tutto questo circa due decenni prima che papa Giovanni XXIII indicesse il Concilio Vaticano II[76].

---

73 Cfr. GOZZINI G., *Sulla frontiera*, p. 156.
74 Cfr. MATTANA G., *Turoldo. L'uomo, il frate, il poeta*, op.cit., pp. 76-77.
75 Ibidem, p. 77.
76 Ibidem, p. 76.

3.5 Il poeta

"*Io non ho le mani*" s'intitola la prima raccolta di poesie del 1947-1948 che Turoldo pubblica e che gli vale il premio Sant-Vincent.

Nella poesia egli mette a nudo la sua anima, non intende nascondere nessun aspetto del suo temperamento, sempre teso a comunicare i suoi sentimenti verso il prossimo.

> *«Io non ho mani*
> *che mi accarezzino il volto,*
> *(duro è l'ufficio*
> *di queste parole*
> *che non conoscono amori)*
> *non so le dolcezze*
> *dei vostri abbandoni:*
> *ho dovuto essere*
> *custode*
> *della vostra solitudine:*
> *sono*
> *salvatore*
> *di ore perdute»*[77].

Le sue rinunce a ciò che è "materia", alla sua vita affettiva personale, le compie con molta consapevolezza, finalizzate a divenire *custode*" e *salvatore* di quella parte di umanità disperata a causa della povertà e della cupidigia dei

---

77 TUROLDO D. M., *Io non ho le mani*, Bompiani, Milano, 1948.

ricchi, del silenzio di Dio e della Chiesa[78].

Tutti temi questi, che egli ha vissuto e per i quali si è battuto, pur sapendo quanto gli sarebbero costati.

Essendo un uomo di Dio, perché consacrato, egli si serve della poesia come missione salvifica verso gli altri.

La sua poesia, le sue opere diventano così canto, preghiera, profezia ammonitrice e anche imprecazione, perché s'ispira, in quel contesto storico, ai fatti di cronaca e ogni aspetto della vita che la circonda[79].

Una delle opere più note è *La terra non sarà distrutta* del 1951: testo di altissima speranza che nasce per scongiurare la paura, l'angoscia del fine millennio. Mille e non più di Mille... ma come credere nel futuro?[80]

> *«E quali le soluzioni alle nostre giornaliere polemiche, condotte tutte sul filo più teso di estremismi ormai esplosi dentro ognuno di noi? Speranze e paure; ateismi, anche sacri, se ci vuole; e fede, la più paradossale, assurda. In tutti la volontà di evadere dall'incubo, sia pure assopendosi in esso; oppure di romperlo, di annientarlo. Comunque un mondo di anime il nostro, che camminano tutte nello stesso limite: le une sul limite dell'errore, le altre su quello della verità (...) e così, le une e le altre che si scontrano sullo stesso confine: Legge o Amore? Giustizia o Pietà? Morte o Vita?»*[81].

Noi oggi siamo qui a testimoniare che la profezia di padre David Maria

78 Cfr. MATTANA G., *Turoldo. L'uomo, il frate, il poeta*, op.cit., p. 77.
79 Cfr. MATTANA G., *Turoldo. L'uomo, il frate, il poeta*, op.cit., p. 155.
80 Ibidem, p. 83.
81 MATTANA G., *La poesia di David Maria Turoldo*, op.cit., p, 21.

Turoldo non è fallita: la terra non è stata distrutta ma gli interrogativi di allora non hanno trovato ancora risposta.

Udii una voce è un'altra raccolta del 1952 edita da Mondadori con l'introduzione di G. Ungaretti il quale così commenta:

> *«La poesia di David Turoldo è poesia che scaturisce da maceramento per l'assenza dell'Eterno, presenza in tortura di desiderio, assenza poiché dall'Eterno ci separa l'effimero nostro stato terreno, al quale tiene tanto la nostra stoltezza (...). Sono, queste di Turoldo, poesie e preghiere, urla e invocazioni laceranti»*[82].

La sua poesia è anche colloquio che lo rende un poeta a sé. Mario Apollonio proprio per le sue poesie d'ispirazione biblica, definì Turoldo "*il caposchiera dei laudesi moderni*"[83].

Anche Gianfranco Ravasi ha fatto notare come nella sua poesia siano presenti tutti i libri dell'Antico Testamento:

> *«Non c'è neppure il profeta minore o lo scritto minore dell'Antico Testamento che non abbia lambito almeno una sua pagina»*[84].

Turoldo stesso si commenta così:

> *«Sì, è la Bibbia il libro della mia poesia. Certo, amo i mistici [...], ma per tornare sempre ai grandi pascoli della Bibbia. Le sorgenti mie sono queste: la mia terra, la mia gente (che poi si confonde con tutti i poveri del mondo) e la*

82 MATTANA G., *La poesia di David Maria Turoldo*, tesi presentata per il Master of Arts alla University of South Africa, Pretoria, 1989.
83 Cfr. MATTANA G., *Turoldo. L'uomo, il frate, il poeta*, op.cit., p. 84.
84 www.ccdc.it/dettaglioDocumento.asp?IdDocumento=182.

Bibbia»[85].

Udii una voce è un'altra poesia sconvolgente ma rasserenante e piena di speranza, perché si propone a nostro avvocato presso Dio con i *Salmi penitenziali per la settimana santa*:

> *«Invece tu sei un Dio muto*
> *l'essere che non ha pietà.*
> *Forse tu avevi bisogno del nostro*
> *dolore, di questo figmento*
> *commosso d'uomo?*
> *Oh, allora non maledirmi*
> *se riuscirò coi miei gridi*
> *a rompere la tua pace.*
> *E non desisterò fino a quando*
> *le tue creature non siano*
> *nella tua gioia*
> *e tu travolto ancora*
> *nel nostro peccato e nella nostra morte»*[86].

85 TUROLDO D. M., *La mia vita con gli amici*, op.cit., p. 46.
86 Cfr. MATTANA G., *Turoldo. L'uomo, il frate, il poeta*, op.cit., p. 84.

CAPITOLO IV

Nomadelfia e l'esilio

4.1 I movimenti

L'esempio de "L'Uomo" non fu un caso isolato, sorsero così altri gruppi come *Adesso*, *Il Gallo*, *L'Ultimo*, in seguito chiamati gruppi spontanei, tutti concordi per un rinnovamento della Chiesa teso alla riscoperta del Cristo, al di sopra della legislazione che codificava lo stesso spirito evangelico, soffocandone l'anelito verso una società basata sull'amore per il prossimo-fratello[87].

Una sola doveva essere la legge: l'Amore, il più importante di tutti gli insegnamenti di Cristo.

> *«Religione di un solo comando, non dei diecimila precetti; fede liberatrice; Chiesa come paese della fraternità e dell'amore, perciò figura del regno che deve venite»*[88].

---

87 Ibidem, p. 85.
88 TUROLDO D. M., *Amare*, San Paolo, Milano, 2002, p. 153.

Circa l'atteggiamento ufficiale delle autorità, sia civili sia ecclesiastiche, rispetto a questi antesignani movimenti, che prenderanno il nome di «gruppi spontanei», ne parla padre Giulio Signori, compagno di lotta e confratello di Turoldo, durante un colloquio nel convento dei Servi a Kensington nel 1986:

> *«Inizialmente vi fu un atteggiamento ostile da parte delle autorità civili e di perplessità da parte delle autorità ecclesiastiche; ma bisognava sentirlo quel clima di fede vissuta, di entusiasmo, di delusioni, di incomprensione, di tormento. Visto in retrospettiva, esso era un clima pre-conciliare »*[89].

4.2 Nomadelfia: legge della fratellanza

Don Zeno Saltini, prete modenese, molto sensibile ai problemi sociali; fonda un centro che accoglie uomini, donne, ragazze madri, bimbi orfani, poveri vecchi abbandonati o relegati in ospizi, per dare a tutti una famiglia a Nomadelfia.

Lo stesso nome racchiude il programma e l'unica legge: dal greco «legge della fratellanza»[90].

A Nomadelfia tutto era in comune, tutto era di tutti e ognuno cooperava con le proprie possibilità fisiche e manuali, nell'interesse dei gruppi familiari

89 MATTANA G., *Turoldo. L'uomo, il frate, il poeta*, op.cit., p. 86.
90 Ibidem, p. 87.

volontari.

Padre Turoldo affascinato da quello che definiva il "mistero di Nomadelfia", si buttò a capofitto per sostenere don Zeno, coinvolgendo i giovani del suo gruppo che si recavano al campo di Fossoli, per vedere come si viveva nella citta dell'amore fraterno e per assistere alla messa celebrata da don Zeno in un capannone dove si raccoglievano le famiglie composte, sia dai genitori naturali con figli naturali e quelli adottati, sia dalle mamme alle quali venivano affidati gli orfani.

In questo modo riuscì a dare una famiglia a tutti i ragazzi ospiti del centro, instaurando così un nuovo ordine cristiano, superando sia la legge "pagana" del sangue, sulla quale è fondata la famiglia, sia il principio della proprietà privata che regge la società.

Per don Zeno, questo è il cristianesimo vissuto integralmente, e non solo sua opinione[91].

Il 13 novembre del 1949, il card. Schuster, consegnando quaranta nuovi figli a don Zeno, in parte provenienti dalla casa di correzione *Cesare Beccaria*, nel Duomo di Milano, esordì con l'espressione: «Questo è il Vangelo, il resto è cornice»[92].

91 Cfr. GOZZINI G., *Sulla frontiera*, op.cit., p. 114.
92 Ibidem, p. 92.

I nomadelfi nel 1951 sono circa 1500, sorge così il problema di come mantenerli, sfamarli, vestirli, ma:

> *«Quando si fa qualcosa per i poveri, diceva don Milani, non si deve pensare che si fa loro un dono, ma che si paga un debito»*[93].

Intanto il debito di Nomadelfia saliva alle stelle e nessun aiuto arrivava dai poteri costituiti, ai quali don Zeno aveva fatto ricorso, come il ministro degli Interni Scelba della Dc e il segretario del Sant'Uffizio card. Giuseppe Pizzardo. Al contrario, gli stessi, cercarono di opporsi in tutti i modi, sia a livello politico e giudiziario che a livello pastorale[94].

Per padre Turoldo, Nomadelfia rappresentava la realizzazione del suo grande sogno: una città dove il valore assoluto era l'Uomo e non il denaro o capitale[95].

Egli è sempre in prima linea, e oltre le prediche e conferenze a favore di don Zeno, oltre al comitato per Nomadelfia, apre un centro di raccolta fondi accanto alla Corsia dei Sevi, promosso dalla famiglia Pirelli e altre persone molto influenti della Milano ricca e intellettuale[96].

Nel Vangelo circa la vita comunitaria dei primi cristiani, sta scritto:

> *«Nessuno tra loro era bisognoso, perché questi possedessero campi o case, li*

93 Ibidem, p. 115.
94 Ibidem.
95 Cfr. MATTANA G., *Turoldo. L'uomo, il frate, il poeta*, op.cit., p. 87.
96 Cfr. GOZZINI G., *Sulla frontiera*, op.cit., p. 115.

vendevano, portavano l'importo di ciò che era stato venduto e lo deponevano ai piedi degli apostoli; e poi veniva distribuito a ciascuno secondo il bisogno».

(Atti 4,34-35)

Si batte con tutte le armi che ha a disposizione, perché vede in Nomadelfia la mano di Dio, la realizzazione dei suoi sogni e della sua poesia, pertanto l'esperimento non doveva fallire[97].

In quel periodo fecero molto clamore le sue prediche durante i capodanno e i carnevale nei vari alberghi di Cortina, Moena, Canazei. Purtroppo, per raccogliere offerte, doveva giocoforza disturbare le feste dei ricchi, e Turoldo, con Vangelo alla mano, leggeva loro la parabola del ricco Epulone e del povero Lazzaro[98].

Per due anni circa, in Corsia si respirava un clima di grande mobilitazione, tanto che sette frati serviti, tra cui padre Giulio Signori e padre Giovanni Vannucci, lasciarono i loro conventi per andare a Fossoli in aiuto a don Zeno[99].

Il piano di Nomadelfia si prefigurava come una nuova società che assegnava una madre agli orfani, ma un progetto del genere, cioè quello di fondare una nuova città con una costituzione autonoma, dal punto di vista economico-

---

97 Ibidem, p.89.
98 Cfr. MATTANA G., *Turoldo. L'uomo, il frate, il poeta*, op.cit., p. 90.
99 Cfr. FLAUNBERT G., *Tre racconti da Camillo Sbarbati*, Scheiwiller, Milano,1987, p. 607

sociale, ritenuto troppo audace dalle autorità civili ed ecclesiastiche, non poteva andare avanti[100].

4.3 Intervento del Sant'Uffizio

Nell'ottobre del 1951, la contessa Albertoni Pirelli, che aveva già donato precedentemente a Nomadelfia due tenute presso Grosseto per avviare un'attività agricola alla comunità, s'incontra con Scelba per perorare la causa di don Zeno.

In quella occasione, il ministro Scelba, per tutta risposta, propone di ristrutturare Nomadelfia, escludendo don Zeno e trasformandola in Opera pia. L'anno successivo, don Zeno, per ordine del Sant'Uffizio, viene allontanato da Nomadelfia e sostituito da un gruppo di salesiani. Dopo venti anni le famiglie si disperdono e molti bambini finiscono negli orfanotrofi[101].

> *«I nostri ragazzi tutti dispersi, strappati alle madri mentre urlavano aggrappati alle loro ginocchia; le madri inermi e impotenti a piangere come Rachele nei campi di Bethlem. Il resto della città, il piccolo resto, affidato ai Salesiani; don Zeno strappato ai suoi figli; e presto costretto, sia pure con decreto pro gratia e su sua richiesta, alla riduzione allo stato laicale»*[102].

Nel 1953, don Zeno di fronte a un Sant'Uffizio irremovibile, chiede al card.

---

100 Cfr. GOZZINI G., *Sulla frontiera*, op.cit., p. 117.
101 Ibidem.
102 Cfr. NICOLAI PAYNTER M., *Perché libertà sia libera*, op.cit., p. 123.

Ottaviani di essere ridotto allo stato laicale, pur di continuare ad occuparsi delle famiglie di Nomadelfia. Ma nemmeno per padre Turoldo ci sarà più posto a Milano, tantomeno in Italia[103].

4.4 La scomunica della sinistra

Turoldo non aveva mai parlato dal pulpito di politica, perché aveva molta stima dei suoi fedeli.

Inoltre, non sostenne la Democrazia Cristiana affermando che non bisogna confondere la Chiesa con un partito, né un partito con la Chiesa.

Questo suo atteggiamento suscitò l'irritazione del governo, con la conseguenza di una pena più severa per Turoldo rispetto a quella di don Zelo.

In realtà, la scomunica alla sinistra socialista e comunista lo turbò, per le molte e care amicizie di quello schieramento politico: Balbo, Bobbio, Motta e tanti altri, con i quali aveva fatto la Resistenza, e anche perché la scomunica, colpiva profondamente il Turoldo laico, oltre che religioso[104].

Per di più, i cattolici di sinistra gli chiedevano consigli ed egli stesso voleva essere sicuro della sua posizione di religioso.

Così si recò dal card. Schuster, e si affidò a lui. Parlò apertamente della sua

---

103 Cfr. GOZZINI G., *Sulla frontiera*, op.cit., p. 117.
104 Cfr. MATTANA G., *Turoldo. L'uomo, il frate, il poeta*, op.cit., pp. 94-95.

relazione con i "cari" amici scomunicati, della loro correttezza e della loro serietà. La risposta di Schuster fu: «*Non sunt inquietandi*».

La replica del cardinale lo rassicurò, liberandolo dal dubbio che da tempo lo affliggeva, se cioè egli fosse dentro o fuori dalla sua Chiesa *amata* e *infedele*.

Nel 1952 fu allontanato dall'Italia perché il suo pensiero era troppo *liberale*, per il suo pieno sostegno all'opera di Nomadelfia e al suo fondatore don Zeno Saltini[105].

> *«Così finiva la nostra "città del sole", e io finivo così il mio primo tempo di sacerdozio vissuto dalla piena guerra in poi a Milano. È l'addio al mio Duomo»*[106].

Strana la coincidenza della malattia del card. Schuster e il disfacimento di Nomadelfia poiché, sino a quando il cardinale godeva di buona salute, la sua carica, la sua "papabilità", il suo influsso sulle alte sfere ecclesiastiche, la sua alta statura morale, determinavano l' "intangibilità" di padre Turoldo e di Nomadelfia. Solo quando la malattia lo debilitò, il Santo Uffizio prese dei provvedimenti a riguardo[107].

---

105 Ibidem, p. 98.
106 NICOLAI PAYNTER M., *Perché libertà sia libera*, op.cit., p. 123.
107 Cfr. MATTANA G., *Turoldo. L'uomo, il frate, il poeta*, op.cit., pp. 96-97.

4.5 L'esilio: in giro per il mondo

Da Roma dove comandava il card. Ottaviani, venne imposto al generale dei serviti l'esilio a padre Turoldo dicendo: «Fatelo girare, perché non coaguli»[108].

Iniziò così il suo peregrinare presso case servite in Europa, in Canada, in America, in Africa.

> *«(...)ero colpevole di aver creduto che la fraternità fosse legge. perciò mi avevano detto di "girare", perché non ritornassi in Italia. Ero senza casa e senza chiesa. E dovevo girare. Prima a Monaco di Baviera, dove andavo tutti i giorni alla stazione a vedere i treni partire, poi a Parigi, poi a Ginevra...ed era Natale. E precisamente alla vigilia mi sono fermato per ore, fino oltre mezzanotte, alla ringhiera sul lago, vicino all'isoletta Rousseau».* (Lettera a Natale)[109].

> *«Nomade, zingaro, isolato, da alcuni amici abbandonato, egli è tuttavia irruente, ancora legato al suo motto di disturbatore della quiete non solo degli uomini ma anche di Dio. E si mantiene sempre fedele al suo voto di povertà e alla sua missione sacerdotale con amore immenso per l'uomo e per Iddio "amato e crudele"»*[110].

L'esilio non fu determinato solo dall' "utopia" di Nomadelfia. Le ragioni economiche e anche politiche erano un pretesto per giustificarne lo scioglimento. La vera ragione era la paura del Vangelo integrale: "tutto il

---

108 Ibidem, p. 98.
109 TUROLDO D. M., *Fine dell'uomo?*, Scheiwiller, Milano, 1976.
110 MATTANA G., *La poesia di David Maria Turoldo*, op.cit., pp. 11-12.

resto è cornice". Anche il Vangelo è utopia[111].

Era la prima proposta inquietante alla Chiesa, era la fraternità umana fondata sulla collaborazione senza remunerazione, perché a Nomadelfia non si lavorava per guadagnare ma si lavorava per aiutare e salvare fratelli bisognosi, dove la legge della carità era l'unico codice.

L'anelito spirituale del gruppo servita venne interpretato come una specie di rivolta e così che anche de Piaz e altri frati serviti furono relegati in Valtellina a Tirano, e Turoldo condannato a vagabondare per mondo.

Fatto sta che dopo venti anni, parte del programma del gruppo servita verrà ripreso dal Concilio Vaticano II.

---

111 Cfr. MATTANA G., *Turoldo. L'uomo, il frate, il poeta*, op.cit., pp. 90-91.

CAPITOLO V

L'abazia di Sant'Egidio

5.1 La dimora fissa

Padre Taucci, provinciale dei serviti per la Toscana, non riusciva ad accettare l'allontanamento dall'Italia di padre Turoldo e, nel 1954,chiese a Giorgio La Pira, allora sindaco di Firenze, la sua collaborazione per mediare, con il Vaticano, il rientro del nostro frate.

Il piano messo in atto andò a buon fine e padre Turoldo venne destinato al convento della Santissima Annunziata di Firenze, casa madre dei Serviti[112].

Anche i fiorentini, in breve tempo, iniziarono ad affollare la chiesa dove egli predicava durante le messe domenicali, per ascoltare quel frate che, sebbene li "fustigasse", riusciva a suscitare interesse e polemiche.

In quello stesso santuario iniziò la replica della "Messa della Carità" di San Carlo e costituì l'associazione degli «Amici dell'Annunziata» a modello del gruppo di giovani di San Carlo. Fondò anche la rivista "*Attesa del Regno*" che

---

112 Cfr. MATTANA G., *Turoldo. L'uomo, il frate, il poeta*, op.cit., pp. 102-103.

ebbe vita breve per una proibizione della curia di Firenze.

Così Firenze divenne la copia conforme di quella attività svolta a Milano.

Ebbe qui modo di conoscere don Milani, che in quel tempo cercava di pubblicare il suo libro "*Esperienze pastorali*", che non poté essere edito dalla casa Editrice la Corsia dei Servi perché non ebbe l'imprimatur della curia di Firenze[113].

E, come volevasi dimostrare, anche da Firenze fu espulso per i troppi problemi che aveva creato.

Turoldo in merito scrive:

> *«Ma la Chiesa è imprevedibile, è fatta di uomini, è fatta di tutti, di materiale di ogni genere: fatta perfino da me, che è tutto dire. Fatta di bene, di meno bene, e anche di male. Ma è certo, come del resto risulta che sia per tutta la storia del mondo, che il bene la vince. "dove abbonda il delitto, ivi sovrabbonda la grazia". Così, mentre da una parte mi si cacciava, da altrove mi cercavano, perché continuassi a servire»*[114].

Infatti il cardinale Montini, succeduto a Schuster, voleva coinvolgere anche padre Turoldo nella "Grande Missione di Milano" sul *Padre Nostro*.

Saputo che era stato allontanato da Firenze, e che si trovava in Canada, gli chiese se fosse interessato ad aiutare il cardinale Leger, arcivescovo di Montréal, a dare inizio alla stessa missione di Milano. Padre David accettò

113 Cfr. NICOLAI PAYNTER M., *Perché libertà sia libera*, op.cit., p. 134, nota 7.
114 Ibidem, p. 134.

con piacere.

La predicazione a Montréal ebbe un così grande successo, da indurre il cardinale Leger a protrarla per altre quindici settimane in altre città[115].

Nel 1962 per padre Turoldo finalmente finì il periodo del girovagare e fu reinserito definitivamente in Italia, sia per l'interessamento di Giorgio La Pira, sempre attento ai temi del dialogo e della pace, sia per l'avvento di Papa Giovanni XXIII e del nuovo corso conciliare.

Egli chiese pertanto di ritornare nel suo Friuli, a Udine, presso il convento della Basilica di Santa Maria delle Grazie, tanto cara a lui per i ricordi della sua infanzia, quando sua madre lo portava con sé nei pellegrinaggi per chiedere la grazia del pane quotidiano[116].

Qui incominciò a collaborare con Pier Paolo Pasolini e, grazie a lui, realizzo l'unico film *Gli Ultimi* nel 1963, un impegno quasi autobiografico di Turoldo fanciullo, nello stato della sua povertà. Il protagonista del film fu scelto tra i bambini di Nomadelfia.

Ma a causa dell'esplosione industriale nella sua terra durante gli anni '60, il ricordo della povertà infastidì la sua gente e il film fu considerato quasi una diffamazione[117].

---

115 Cfr. MATTANA G., *Turoldo. L'uomo, il frate, il poeta*, op.cit., p. 105.
116 Ibidem, p. 109.
117 Ibidem.

«Speravo nella comprensione della gente. Invece avevo sbagliato tutto: avevo fatto un film sulla civiltà contadina, quando tutti non vedevano l'ora di abbandonare i campi e di inurbarsi. Un film serissimo, austero. Doveva essere il primo di una trilogia che pensavo di dedicare agli ultimi esemplari di una civiltà prossima a scomparire»[118].

L'anno dopo la morte di Papa Giovanni XXIII, Turoldo decise di ristrutturare l'antica abbazia di Sant'Egidio a Fontanella Sotto il Monte, paese di origine del papa, per fondare una piccola comunità, la "*Casa di Emmaus*" e il "*Centro studi ecumenici Giovanni XXIII*".

5.2 La casa di Emmaus

Rientrato in Italia, alla morte di papa Giovanni XXIII nel 1963, padre Turodo decise di stabilirsi a Fontanella di Sotto il Monte, paese natio di Angelo Roncalli.

Il vescovo di Bergamo, Clemente Gaddi, gli affidò l'abbazia di Sant'Egidio a Fontanella, che presto diventerà grazie a Turoldo, un importante centro di studi ecumenici in un clima di pieno concilio ecumenico. Tutto questo, soprattutto per onorare la memoria di quell'amato papa Giovanni, che aveva impresso una svolta epocale alla storia cristiana[119].

---

118 NICOLAI PAYNTER M., *Perché libertà sia libera*, op.cit., p. 136.
119Cfr.www.comune.lecco.it/resources/evento/N1364e0526dcf979d951/N1364e0526dcf979d951/biografia_turoldo.pdf

Nel 1964 diede inizio alla ristrutturazione dell'antica abbazia, con la sola forza delle sue braccia sostenuta dalla sua incredibile volontà. Qui fondò la "*Casa di Emmaus*" e divenne priore di una piccola comunità di giovani frati, a stretto contatto con una parte della popolazione del luogo.

Il "*Centro di studi ecumenici Giovanni XXIII*", fu concepito a modello di una casa di ospitalità che accoglieva ospiti provenienti da vari Paesi e varie fedi, all'insegna di un ecumenismo di ampie vedute.

La finalità del centro e della casa furono: lo studio, ossia cercare insieme, attraverso le Scritture, Dio e la Chiesa, l'ospitalità, la preghiera[120].

Turoldo era un cercatore di Dio.

Scriveva nelle ultimissime prose da lui lasciate, di essere "*un maniaco di Dio*", unica capitale questione della sua intera esistenza:

> *«La vera domanda che sta all'inizio di ogni discorso è Dio stesso. Dio non è una risposta, è la Domanda; e non tanto se Dio c'è, quanto chi sia, come pensarlo, quali rapporti intessere e sapere delle sue responsabilità circa il male»*[121].

Notevole fu l'impegno civile ed etico del frate Servita.

Il suo servizio operò non solo per la realizzazione della conoscenza e attuazione del Concilio, ma fu anche voce degli ultimi, dei poveri e degli

---

120 Cfr. MATTANA G., *Turoldo. L'uomo, il frate, il poeta*, op.cit., p. 129.
121 TUROLDO D.M., *Nel lucido buio*, Bur Rizzoli, Milano, 2008, p. 154

oppressi di tutto il mondo.

Padre David parlava spesso del *sacramento dell'amicizia.*

A tavola si spezzava il pane e tutti i partecipanti, spinti da lui, potevano prendere parte alla conversazione.

L'aspetto umano di stare in compagnia, di mangiare insieme, di sviluppare amicizia e anche di parlare, litigare e ridere, rappresentava la chiave per entrare nel discorso ecumenico[122].

Altro punto di forza della sua teologia ecumenica fu la concezione dell'*unità* della creazione di Dio e della incarnazione di Cristo, tanto da rendere i problemi dell'unità della Chiesa di secondaria importanza.

Pertanto, invitava la Chiesa Cattolica ad aprirsi al messaggio delle altre Chiese, e stanco del discorso classico cattolico sulla famiglia, apprezzando l'antropologia ortodossa, cita l'opera *Sacramento dell'amore* di Paul Evdokimov, che a sua volta cita San Gregorio:[123]

> *«Dio ha onorato l'uomo col conferirgli la libertà, affinché il bene appartenga in proprio a colui che lo sceglie»*[124].

La *libertà* fu un altro tema molto forte, un valore che incontrava nelle teologie delle altre Chiese, che egli già onorava, ma che non aveva trovato appoggio

122 Cfr. MATTANA G., *Turoldo. L'uomo, il frate, il poeta*, op.cit., p. 129.
123 Cfr. MATTANA G., *Turoldo. L'uomo, il frate, il poeta*, op.cit., p. 131.
124 Ibidem.

nella teologia cattolica[125].

I lavori del Centro ecumenico erano distribuiti a seconda delle capacità dei partecipanti: i confratelli dell'Ordine dei Servi si occuparono della pubblicazione di "*Letture ecumeniche*" che trattavano temi ecumenici e destinati ad un pubblico non esperto in teologia; mentre i "*Quaderni di ricerca*" con testi di Evdokimov e di Newman, erano al servizio di competenti per l'approfondimento degli stessi temi[126].

Padre David lavorava sodo per l'evoluzione dell'ecumenismo, pertanto cercava di coinvolgere i suoi collaboratori a partecipare ai congressi ecumenici, creando un ambiente aperto alla ricerca.

Padre Turoldo, tuttavia non ha lasciato una teologia ecumenica scritta.

Il suo contributo alla crescita ecumenica italiana può essere rintracciato nelle sue azioni, nelle predicazioni e nelle poesie.

Nel '67 fondò la rivista *Servitium*, originariamente strumentale alla riforma dell'Ordine dei Serviti e di altri ordini "mendicanti", nel primo post Concilio, e poi "*Quaderni di spiritualità*" con un grande ventaglio di proposte.

Continuava intanto la sua attività di scrittore con poesie, testi teatrali, saggi, e il gusto per la liturgia che saranno all'origine della traduzione dei *Salmi* del

125 Ibidem.
126 Ibidem.

1973 e di *Opere e giorni del Signore* nel 1989, in collaborazione di monsignor Gianfranco G. Ravasi, docente di esegesi biblica presso la facoltà teologica dell'Italia settentrionale e membro della Pontificia Commissione Biblica[127].

5.3 La predica

L'abbazia di Sant'Egidio di domenica era sempre piena, come lo era il Duomo di Milano dal '43 al '53.

Accorrevano persone non solo da Fontanella ma anche da Bergamo e Milano, perché attratte dalla sua capacità di concentrazione sulla parte del Vangelo che la trasmetteva come notizia sconvolgente.[128]

Nella predica si faceva servo della Parola.

Gianfranco Ravasi scrive di lui:

> *«Centrale in Turoldo era la Parola maiuscola, esterna a lui, donata, di cui la sua possente voce era solo "conchiglia ripiena"»*[129].

La sua predicazione era ecumenica perché invitava a varcare i confini personali, dottrinali e nazionali.

Padre David aveva una visione molto vicina a quella di Roger Schust, priore di Taizè: le Chiese finalmente unite potranno mettersi a servizio dell'umanità

127Cfr.www.comune.lecco.it/resources/evento/N1364e0526dcf979d951/N1364e0526dcf979d951/biografia_turoldo.pdf

128 Cfr. MATTANA G., *Turoldo. L'uomo, il frate, il poeta*, op.cit., p. 131.

129 Ibidem, p. 132

che soffre, dei poveri che sono nella disperazione.

L'unità della Chiesa, tuttavia, non era al centro della sua predicazione. Il suo pensiero e le sue parole, ruotavano intorno all'uomo, l'uomo che soffre senza speranza[130].

La cosa più grande è l'unità e la continuità di Dio dalla Genesi all'Apocalisse, l'unità e la continuità del messaggio. E Cristo, com'è pienezza della divinità, diviene la sintesi di tutta la rivelazione.

La Chiesa deve spogliarsi dei suoi privilegi, scendere dalla "scranna", farsi umanità per guadagnare di nuovo la sua credibilità.

È questa la teologia di padre Turoldo.

5.4 La poesia

«*Padre David ha avuto da Dio due doni: la fede e la poesia. Dandogli la fede gli ha imposto di cantarla tutti i giorni*», diceva Carlo Bo.

Proprio per questo motivo viene considerato da alcuni il poeta e lo scrittore per eccellenza che canta la fede ogni giorno[131].

La sua poesia è vibrante proprio come la sua voce che tocca le corde del cuore, in particolare quando è ispirato a vicende dolorose: si profila come

130 Ibidem.
131 www.famigliacristiana.it/articolo/turoldo_060212104225.aspx

denuncia di sfruttamento, di sopraffazione e di ingiustizia dilagante e, nel contempo esprime la sua solidarietà, il suo dolore di fronte alle sofferenze umane.

Turoldo è il cantore di Dio, anche quando è tormentato dal dubbio, come affiora nei suoi *Canti ultimi* e *Anche Dio è infelice* scritti due anni prima della sua morte[132].

In queste raccolte di poesie, Turoldo si immedesima nella passione di Gesù, dove comunica il tormento della sua condizione terminale e del suo travaglio della ricerca dell'Invisibile.

Le sue pagine parlano del silenzio, del silenzio di Dio, del silenzio di Cristo e dell'importanza fondamentale del silenzio nella vita umana piena di parole inutili e chiassose con la carenza di riflessione silenziosa[133].

Una delle imprese maggiori è la scrittura poetica delle preghiere liturgiche festive in «*"Lungo i fiumi..." I SALMI.*». Tale testo è composto sia da una traduzione che da un commento del Salmi, con il biblista Gianfranco Ravasi. In questo lavoro non mancano vari momenti di poesia di Turoldo, intercalata dalla traduzione dei Salmi.

Uno degli esempi di tale lavoro, lo troviamo nel Salmo 26 (25) al versetto 5

---

132 www.interdependence.eu/component/content/article/88-testi/riflessioni/256-la-poesia-continua-di-david-maria-turoldo.html

133 www.poiein.it/autori/2008/2008_08/02_Gervino_Turoldo.htm

con il titolo "*In acque purissime lavo le mani*". Qui Turoldo, riferendosi al momento dell'offertorio, scrive una delle sue poesie:

Salmo 26(25),5	*Turoldo*
le assemblee dei perfidi detesto:	*Di chiunque a nominarti appena*
con i malvagi nessun	*oppure che osi accostarsi all'altare,*
compromesso.	*come dev'essere pura la bocca,*
	e devono essere innocenti le mani,
	e deve essere libero il cuore![134]

Nella sua poesia si può anche cogliere il pensiero ecumenico, nell'invito a travalicare i nostri confini mentali nella ricerca dell'uomo. L'invito alla lettura viene esteso anche a coloro che non credono[135].

> *«Per confermare, ancora una volta, l'ideale di tutta la mia vita che fu quello di descrivere e testimoniare tanto da fratello di chi crede quanto di chi cerca (...) ...È giunto il tempo di abbattere il triste steccato tra cultura laica e cultura clericale»*[136].

Tra le infinite cose di cui David conservava memoria, aveva scelto come suo modo nuovo di essere "cattolico" queste parole di papa Giovanni XXIII:

> *«Se nella notte non sai dove andare, sappi che alla mia finestra c'è sempre un lume acceso; bussa, bussa e io scenderò ad aprirti; né ti chiederò se sei*

134www.adorazioneeucaristica.it/Salmi%20TraduzioneDavid%20Maria%20Turoldo_CommentoGianfranco%20Ravasi.pdf
135 Cfr. MATTANA G., *Turoldo. L'uomo, il frate, il poeta*, op.cit., p. 132.
136 TUROLDO D. M., *Mie notti con Quhelet*, Garzanti, Milano, 1992, p. 9.

cattolico o no»[137].

5.5 Sant'Egidio: movimento ecumenico

L'abbazia di Sant'Egidio divenne una porta di casa aperta sempre aperta, anzi, spalancata a tutti coloro che condividevano una visione globale e universale di tutte le Chiese.

Divenne un movimento ecumenico finalizzato ad abbattere quelle frontiere che le separavano impedendone la piena realizzazione di una Chiesa finalmente uscita dal suo isolamento e affratellata ad ogni uomo di buona volontà.

Sant'Egidio è a tutt'oggi segno e simbolo per tanta gente, ma anche un luogo dove è bello tornare. Una chiesa di pietre vive[138].

Turoldo canta:

> *«Tornata è la quiete,*
> *anche il vento riposa,*
> *non c'è più nessuno*
> *nell'Abbazia:*
> *ma io non chiuderò le porte:*
> *Qualcuno, sono certo, verrà:*
> *così attendo sereno la Notte».* (Sera a sant'Egidio)[139]

---

137 www.antemp.com/category/autori/turoldo-david-maria/
138 Cfr. MATTANA G., *Turoldo. L'uomo, il frate, il poeta*, op.cit., p. 133.
139 TUROLDO D. M., *Canti ultimi,*, Garzanti, Milano, 1991.

CAPITOLO VI

Turoldo e Dio

6.1 Chi è Dio?

Turoldo era un cercatore di Dio. Infatti, tutta la sua produzione, dalle prime prove sulla rivista *L'Uomo*, alla sua produzione poetica, ai suoi ultimi scritti lo confermano.

Il catechismo ci ha insegnato che Dio è l'essere perfettissimo, creatore e Signore del cielo e della terra; anche il: "Credo in un solo Dio, Padre Onnipotente…"conferma la stessa cosa.

Anche Turoldo ha sempre creduto ma nessuno può dare una risposta a una domanda su chi è e com'è Dio[140].

Turoldo ha detto anche che "*di Dio meno si parla e più si indovina*", "*Dio c'è per chi lo vuole*", Turoldo, rivolgendosi ai lettori della *Domenica del Corriere* negli anni 1976-1977, ha spiegato in questo modo:

> *«Cioè Dio si rivela a chi lo cerca, si fa conoscere, si dona a chi gli apre la porta del cuore. Nessuno rispetta l'uomo come Dio. Lo vuoi? Ecco che allora egli viene! Non lo vuoi? Fanne pure a meno (se ci riesci). Certo che c'è, e c'è*

140 Cfr. MATTANA G., *Turoldo. L'uomo, il frate, il poeta*, op.cit., p. 168.

per tutti, anche per chi non ci crede»[141].

Dio esiste anche se non è possibile trovarlo, anche Sant'Agostino dice che di Dio si sa solo quello che non è.

Questo è un mistero, e se non ci fosse tale mistero, allora non ci sarebbero né le profezie né le rivelazioni[142].

Da qui sorge la libertà di credere oppure di non credere.

Turoldo ci regala pagine splendide su questa assillante domanda che tormenta lui e tutta l'umanità:

> *«(...) chi è Dio? Come uno può rispondere chi sia Dio, quando non sa dire neppure cosa sia un albero o una goccia d'acqua o la pupilla di un occhio? E non sa dire cosa sia il pensiero, eccetera? Per esempio, come si fa a parlare di Dio? E cosa si può dire? Chi ne sa qualcosa? Che se vogliamo parlare, parliamone pure: tanto è vero che dopo ogni discorso possiamo sempre ricominciare da capo. A me basta che ci sia; e so che c'è "perché crea"; anzi, perché ha creato me, cioè l'uomo, proprio questo "uomo" (...). Un salmo canta in esplosione di meraviglia: «Io mi chiedo davanti al creato: cosa è l'uomo e perché lo ricordi? Cosa è mai questo figlio dell'uomo che tu abbia di lui cura? Inferiore di poco a un dio...». Io sono contento che mi abbia creato, perché così lo posso conoscere in qualche modo, anzi lo posso continuare a conoscere, a scoprire; e sempre meravigliarmi di Lui, e del mondo, e di questa creazione mai finita»*[143].

---

141 MATTANA G., *Turoldo. L'uomo, il frate, il poeta*, op.cit., p. 168.
142 Ibidem.
143 TUROLDO D. M., *Alla porta del bene e del male*, Mondadori, Milano, 1978, pp.245-246.

Chi di noi non si è mai posto questo problema? Diamo spesso risposte teologiche, basate su innumerevoli anni di studi tramandati dai nostri avi, ma una risposta concreta non riusciremo mai a darcela.

Nella Bibbia si dice: «In principio Dio creò il cielo e la terra (…)».

Alla domanda, chi è Dio? Turoldo specifica: colui che "crea".

Dio è il Creatore di tutte le cose e continua a farle bene, perché la creazione non è mai finita[144].

Confessa, nelle ultimissime prose da lui lasciate, di essere «un maniaco di Dio», unica primaria ed essenziale questione della sua intera esistenza:

> *«La vera domanda che sta all'inizio di ogni discorso è Dio stesso. Dio non è una risposta, è la Domanda; e non tanto se Dio c'è, quanto chi sia, come pensarlo, quali rapporti d'intessere e sapere delle sue responsabilità circa il male»*[145].

Turoldo offre una netta risposta nella poesia "*Il volto cercato da tutte le fedi*": «*Cristo sei Tu il suo volto/ cercato in tutte le fedi*», alla Domanda c'è una risposta, ed è Gesù Cristo.

E ancora, non si può trascurare tale risposta in versi:

"Dio, sei il mio respiro
e non so chi tu sia:
o dica qualcuno, dica almeno

144 Cfr. MATTANA G., *Turoldo. L'uomo, il frate, il poeta*, op.cit., p. 170.
145 TUROLDO D. M., *Nel lucido buio,* Bur Rizzoli, 2008, p. 154.

cosa è il respiro.
Dio, ho paura perfino di urtarti
tanto mi sei vicino:
e non dove tu sia,
dove incontrarti.
Dio, ho paura e ti amo
perché mi salvi da ogni paura:
Dio, mia pace, mia gioia...
E mia terribile notte.
Dio vicino assente lontano:
io ti parlo e tu muto come lapide bianca,
o infinito silenzio.
Eppure solo tu sai
il numero dei miei capelli
e il numero dei giorni miei: tu solo!
Ma chi sei?, Signore, Chi sei?[146]

6.2 La fede

Di Turoldo fu detto che aveva una sola e costante ispirazione: la fede o quella che egli stesso chiama *"mania divina"*[147].

Questa affermazione è il frutto di un poeta che è stato costantemente tormentato dal dubbio e dal turbamento della coscienza, di fronte a Dio, ma anche il poeta offre una risposta sull'esistenza di Dio che coincide con una

146 TUROLDO D. M. - RAVASI G., *Opere e giorni del Signore*, Paoline, Cinisello Balsamo, 1989, p. 490.
147 TUROLDO D. M., *Canti ultimi,*, op.cit., p. 151.

confessione di fede:

> *«Io non credo in altro Dio se non nel Dio di Cristo. Sono certo che non ci sono altri dei»*[148].

Questa è la convinzione e la fede di padre David Maria Turoldo.

Il 1991-92 erano gli anni in cui insorgeva la malattia che lo poterà alla morte, un tumore al pancreas che gli procurava dolori lancinanti ma nel contempo trovava tutte le forze per confortare l'amico Giancarlo Mattana che gli confidava di avere paura di Dio, e Turoldo gli rispondeva:[149]

> *«Non pensare a Dio pensa a Gesù Cristo, il Dio visibile, fattosi uomo per amore e per salvarci»*[150].

Citando San Giovanni, diceva:

> *«Dio nessuno lo ha visto, è Cristo che ce lo ha rivelato»*[151].

Tuttavia, non si può fondare la fede in Dio solo perché Gesù Cristo ce lo ha rivelato. Turoldo dice anche che Cristo è di sempre.

Forse Socrate, Platone e anche Omero, come Abramo hanno creduto.

Chi può controllare quante sono le vie di Damasco? Chi può dire come Cristo si possa rivelare?

> *«Credere dunque e non vedere*

---

148 TUROLDO D. M., *Alla porta del bene e del male*, op.cit., p. 327.
149 Cfr. MATTANA G., *Turoldo. L'uomo, il frate, il poeta*, op.cit., p. 170.
150 Ibidem.
151 Ibidem.

È il dubbio l'inizio della fede
Dal dubbio germinano
Le mie radici»[152].

Egli è sempre stato, e si è incarnato per tutti gli uomini, e per questo è il Salvatore del Mondo.[153]

Per questo, Turoldo estende la salvezza ai non cristiani. Dio è il Dio di tutti gli uomini, buoni e cattivi, cristiani e non cristiani.

Anche il centurione romano, che poteva essere un ateo o adorare gli dei romani, si rivolge a Gesù per chiedergli di guarire il suo servo, eppure viene riconosciuto da Gesù come l'uomo di più grande fede in tutta Israele. Le parole del centurione divennero preghiera che recitiamo noi cattolici cristiani al momento della comunione:

«Signore non sono degno di partecipare alla tua mensa, ma dì una sola parola e io sarò salvato».[154]

Ancora uno stupendo atto di fede propone Turoldo, ricordando una preghiera di una mistica araba:

«O Dio, se ti servo per paura dell'inferno, mandami all'inferno; se ti servo per il paradiso, non darmi il paradiso; solo se ti servo perché tu sei il mio Dio, lasciami servirti»[155].

152 Ibidem, p.171.
153 Ibidem.
154 Ibidem, pp. 171-172.
155 Ibidem, p. 172.

6.3 Il Vangelo di Cristo

Turoldo ha paragonato il Concilio Vaticano II al primo Concilio di Gerusalemme.

Come nel primo concilio ci fu il conflitto per il superamento del giudaismo, della Legge, per abbracciare la fede e lasciarsi guidare dalla fede, cioè abbandonare l'ebraismo per accogliere l'universalismo, così nell'ultimo concilio è la Chiesa che si sgancia dagli schemi positivistici e realistici dell'Occidente per aprirsi all'Oriente, al Mondo intero.

> *«Sapendo... che l'uomo non è giustificato dalle opere della legge ma soltanto per mezzo della fede in Cristo (Gal 2,16), non credete ad altri Vangeli: è il Vangelo della libertà, e non della Legge. Non è una Chiesa delle scomuniche, non è una Chiesa dei verdetti, dei diecimila precetti, è una Chiesa della libertà (...). Perché la giustizia non viene dalla Legge, ma ci viene dalla fede»*[156].

Nella Pacem in terris, e non in Pacem in terra, si accolgono le varie culture, nel rispetto di tutta la civiltà.

Grazie al Concilio Vaticano II è possibile incontrare e stringere le mani agli anglicani, luterani, scintoisti, musulmani e altri ancora per realizzare la giustizia e la pace.

> *«(...) Oggi, posso stringere la mano al luterano, all'anglicano, allo scintoista, al musulmano e insieme cercare il Signore e realizzare la giustizia e la pace e la salvaguardia del creato. Capite! Queste sono le cose grandi, la visione che*

156 TUROLDO D. M., *Il fuoco di Elia profeta*, op.cit., pp. 40-41.

si deve avere»[157].

Padre David, sin da quando il cardinale Schuster gli aveva chiesto di leggere e commentare il Vangelo, attenendosi strettamente alla Parola, non aveva fatto altro che eseguire alla lettera l'ordine ricevuto.

Eppure, c'era chi si irritava, lo insultava e inveiva contro Turoldo con maledizioni per zittirlo, perché si sentiva accusato delle sue parole, cioè il Vangelo stesso.

Tutto questo non succedeva solo ai fedeli, ma anche a tutta la gerarchia ecclesiale nel sentire la verità del Vangelo proclamato da quel giovane frate.

Ma chi si crede di essere quell'inesperto per turbare le coscienze degli ecclesiastici, burocrati delle Curie e perfino dei Vescovi, forse il nuovo Giovanni Battista?

Certamente no, Turoldo come aveva promesso al cardinale Schuster, si era attenuto al Vangelo insegnato duemila anni fa da Cristo stesso[158].

6.4 Chi è l'autore del male?

Durante la messa del 5 maggio 1991, Turoldo invita i fedeli a riflettere sul

157 Ibidem, pp. 36-37.
158 Cfr. MATTANA G., *Turoldo. L'uomo, il frate, il poeta*, op.cit., pp.181-182.

problema del male e chi se lo provoca.

In quei giorni, nel Mondo, scoppiava l'uragano nel golfo del Bengala, dove le palafitte erano a ridosso l'una sull'altra, come formicai umani, e bambini che si arrampicavano sino ad abbracciarti per chiedere la carità.

Padre Turoldo, racconta la sua esperienza in *Dialogo tra cielo e terra*, durante il suo peregrinare. Era stato anche in Bangladesh, e quella terra gli sembrò essere il luogo più povero che avesse mai conosciuto sin allora. Un paese di piccole dimensioni che conteneva centodieci milioni di persone.

> *«E dovevo predicare (...). E così sono fuggito perché perfino in tempi normali, soprattutto quando cambia il tempo, si sente odore di morte, non odore di vita. (...) Immaginarsi oggi: centinaia di migliaia di morti. Anzi, io sono sicuro che nessuno riuscirà a contare quei morti, nessuno. (...) Ma il loro Dio dov'è? Ma nello stesso salmo c'è anche : "Il Signore si è riservato il cielo e agli uomini ha affidato la terra. (...)Perché succedono certe cose? Queste disgrazie immani? (...)Perché la morte è la morte sempre e il malato è malato, e l'infelice è infelice, anche se è uno solo (...). Perché succedono certe cose? E può un cristiano porsi queste domande e magari andare a celebrare le sue liturgie con la leggerezza come si va al bar a prendere un aperitivo?»*[159].

Dio ci ha fatto liberi, e la libertà procede con la responsabilità. È l'uomo che non dà risposta alla sua responsabilità. È necessario far questo, creare un'armonia e una garanzia, affinché la vita sia sempre rispettata.

Ecco come padre Turoldo imposta il problema, non è certamente un metodo

159 TUROLDO D. M., *Dialogo tra cielo e terra*,, a cura di Gandolfi Negrini E., Piemme, Casale Monferrato, 1994, pp. 277-281 e 93-96.

risolutivo, ma almeno aiuta a mantenere desta la coscienza.

Quindi il male non è colpa di Dio, Dio non c'entra, perché Dio rispetta la sua creazione, soprattutto rispetta l'uomo.

6.5 Dio è il Dono

Il Dio di Turoldo è il "Dono".

Adamo che si ribella lo lascia andare; all'umanità che si ribella, le manda il Cristo Redentore, il "Dono".

La creazione, la nostra vita, un figlio, un fratello, un amico, tutto ciò che abbiamo è un dono di Dio. Il cristianesimo è un dono continuo di Dio.

Dio dona sempre e nulla chiede, e se poi ci chiede qualcosa è per il nostro bene, non per il Suo.

È Dio che dona sempre e sempre perdona ma è sempre Lui che perde. [160]

Turoldo dice:

> *«Non ha nulla da rivendicare, Dio! Lo stesso atto di culto non è per Iddio. " non sa cosa farsene dei vostri incensi; tutto questo è per voi". Dio perde sempre e continua ad amare»*[161].

Perciò, aggiunge Turoldo " ci dona Cristo, suo Figlio, che porta pace,

---

160 Cfr. MATTANA G., *Turoldo. L'uomo, il frate, il poeta*, op.cit., p. 175.
161 Ibidem.

speranza, perdona, cancella il peccato e non chiede: dona. E anche quando chiede, chiede per donare.

> *«Cos'è l'eucaristia? È Dio che addirittura si consuma, è Dio che si fa mangiare, è Dio che scompare. Questo è il Dio in cui noi crediamo sul serio. Per questo io non ho quel senso del giudizio di Dio, sono avanzi di una religione imperfetta. Tant'è vero che questo Dio è ricco di misericordia»*[162].

Per questo Turoldo non teme il giudizio di Dio e lo chiama "avanzo di una religione imperfetta". E pensare che era stato accusato di non credere nell'eucaristia!

Egli ritorna sul problema del male: Dio rinuncia alla sua onnipotenza per lasciare l'uomo libero di agire.

Perché dunque Dio permette che accadano sciagure e devastazioni e non interviene tempestivamente, se egli conosce il passato, il presente e il futuro?

Qui Turoldo spiega che, proprio in questo si manifesta la Sua grandezza, il Suo amore, Egli ha creato l'uomo libero, rinuncia alla sua onnipotenza, "*cercando di rimediare al nostro male, pagando di persona*"[163].

O l'uomo è libero di agire "responsabilmente", oppure cade nel determinismo perfetto, cioè il non esercizio della sua volontà.

Con l'avvento di Cristo, scrive Turoldo, scompare:

162 Ibidem, pp. 175-176.
163 Ibidem, p. 176.

«il Dio giudice, terribile, onnipotente, pauroso: e abbiamo, invece, l'immagine del Dio – dire – temperato dall'umanità, dalla misericordia, dalla bontà, della fraternità umana, dalla condivisione»[164].

Allora non c'è ragione di lamentarsi con Dio, perché i nostri peccati e di quelli che verranno sono stati già pagati con il sangue di Cristo.

Tuttavia, sono stati sì pagati da Cristo i nostri peccati, ma noi peccatori ci limitiamo ad accettare gratuitamente il dono di un Dio che muore sulla croce per noi?

Turoldo augura a tutti gli uomini il dolore del cuore, il rimorso sincero, e aggiunge che Dio, difronte al rimorso dell'uomo, si commuove.

«Solo davanti al rimorso del prodigo il Signore non apre neanche la lista dei peccati e dice: " Dategli subito la veste migliore e mettetegli l'anello al dito e si banchetti e si festeggi". Dio si commuove soltanto a questo rimorso. Ed è vero dolore che io auguro agli uomini, il dolore del cuore. Un cuore contrito e umiliato. Questo, Signore, il sacrificio che tu ci chiedi; questo, tu non lo disprezzerai»[165].

164 Ibidem.
165 Ibidem, pp. 174-175.

CAPITOLO VII

Turoldo e la Chiesa

7.1 Potere e autorità

Tra le varie accuse che Turoldo ha ricevuto, ve ne sono alcune particolarmente gravi: fu accusato di ribellione all'autorità del suo Ordine e delle varie Diocesi[166].

Egli ha sempre obbedito, anche quando non condivideva determinati ordini, anzi li reputava ingiusti e scorretti. Non si è mai arreso e non ha mai smesso di predicare il Vangelo nella sua essenza, divulgare la verità in difesa degli umili, dei poveri e dei peccatori redenti da Cristo[167].

In At 5,26-42 si legge che dopo l'Ascensione, gli Apostoli, confermati dallo Spirito Santo, si erano messi a predicare la buona novella, ma i sacerdoti della chiesa ebraica li fecero arrestare, ma Loro continuarono comunque a pregare

166 Cfr. MATTANA G., *Turoldo. L'uomo, il frate, il poeta*, op.cit., p. 182.
167 Ibidem, pp.177-178.

senza paura, ma quelli, prima del rilascio li fustigarono[168].

In questo passo biblico, Turoldo ipotizza due riflessioni: la prima è che gli apostoli disubbidirono perché continuarono a predicare il Vangelo. La seconda riflessione è nella differenza tra potere e autorità.

Il potere non procede parallelamente con il concetto di autorità, anzi i due termini sono in conflitto tra essi, dal momento che, il potere è fondato sulla forza, sulla violenza, mentre l'autorità ha per fondamento l'amore.

> *«E notate, la discussione è all'interno della cosiddetta Chiesa. Perché c'è il sommo sacerdote da una parte e c'è Pietro dall'altra. In un certo senso la Chiesa nasce lì: da un gesto di disubbidienza, Capite? È importante questo, meditatelo attentamente! Tanto è vero che Pietro dice: «Bisogna obbedire a Dio piuttosto che agli "uomini"». (...) E poi notate: "Diedero ordine di fustigarli". Ma che razza di ragionamenti è questo? Fanno ricorso al loro potere, come fa anche Pilato che davanti al Cristo dice: "Non trovo niente di male, sapete che farò? Lo farò fustigare, lo flagellerò e poi lo manderò via". E gli altri hanno gridato "No, no, crocifiggilo!". Questo non è un ragionamento, quella lì è stanchezza di ragionare. Difatti, quando uno si stanca di ragionare, ricorre sempre alla forza, sempre! Dice: "basta, qui comando io e ti rimetto in riga!"*[169].

Osserva Turoldo che queste decisioni non fanno parte di un ragionamento, ma denunciano una stanchezza di ragionare e quindi si ricorre alla forza.

Con questo discorso Turoldo vuole intendere che l'autorità di una Chiesa non

---

168 Ibidem, p.182-183.
169 TUROLDO D. M., *Il fuoco di Elia profeta*, op. cit., pp. 26-27.

è nelle sue ricchezze, ma è nelle sue capacità di amare, di servire, di donarsi, di essere l'agnello.

Turoldo continua con il dire che mai nessuno troverà prove a che possano colpevolizzarlo di aver ingannato l'autorità, ma ammette che ha sempre negato il potere. Infatti Turoldo si difende dicendo che la sua predicazione si atteneva al Vangelo, fonte viva di verità, fedeltà e libertà[170].

7.2 Experimentate tutto

Turoldo avverte con la citazione di San Paolo nella 1Ts 5,21: "*Esaminate ogni cosa, tenete ciò che è buono*", che i cristiani, guidati da una Chiesa aperta alle innovazioni, dovrebbero essere gli inventori dell'universo ecclesiale.

> *«Una Chiesa senza profezia è un cadavere, sarà una impresa umana, ma non è una Chiesa. Esperimentate tutto. Perché chi è nello Spirito è nella libertà inventiva, nella creatività assoluta, nella esplorazione del mistero, del mistero continuo. Esperimentate tutto: nella libertà delle iniziative, al di là di ogni canone, di ogni rito e di ogni monopolio. Esperimentate tutto! I cristiani dovrebbero essere gli inventori dell'universo, delle forme dello Spirito più impensate»*[171].

Turoldo lo ha fatto. Aveva introdotto una riforma della liturgia ma venne repressa. Si fece portavoce attraverso la preghiera di tutte le istanze, delle

170 Ibidem, pp. 28-29.
171 TUROLDO D. M., *Dialogo tra cielo e terra*, op. cit., pp.36-37.

disperazioni, delle speranze, delle gioie e dei dolori di questo mondo, ma con quale risultato?

Se la "Chiesa locale" non crea le sue preghiere, non inventa la sua forma di vita fondandola sull'eterna e unica Parola di Cristo, non sarà più una Chiesa viva.

L'uniformità dei riti e delle formule non produrranno mai l'unità della Chiesa e neanche la stessa organizzazione riuscirà a darne forma[172].

È solo nella Parola che la vera unità trova origine, testimoniata da ciascuno delle molteplicità dei ministeri.

Ne diede atto Nomadelfia, che incarnò perfettamente la Chiesa locale, dove l'*esaminate ogni cosa, tenete ciò che è buono* di San Paolo, fu messo appieno in atto.

Sarà, purtroppo necessario, per questo tipo di sperimentazione, uscire fuori dalle righe. Cioè uscire fuori dal Diritto Canonico, perché in esso, osserva Turoldo, c'è solamente un posto marginale per il povero.

> *«Nel codice di diritto canonico non c'è mai stato - e non c'è ancora - un posto se non marginale per i poveri: i poveri, nel diritto, esistono soltanto come "oggetti" di elemosina. È solo nel codice evangelico che il povero è il diretto unico erede del Regno. Che vuole dire: o la Chiesa si fa povera, e allora potrà dirsi figura del Regno che viene: o diversamente non si sa cosa sia. E non*

172. Cfr. TUROLDO D. M., *La parabola di Giobbe*, a cura di Levi A., Cens, Cernusco sul Naviglio, 1992, p. 257.

giova in questo caso la cosiddetta "opzione per i poveri". Non puoi essere una Chiesa ricca e nello stesso tempo dire al povero: " Quanto ti voglio bene: tanto da preferirti a tutti gli altri". Se vuoi essere Chiesa credibile non hai altra scelta. Questo effettivamente predicavamo, e cercavamo anche di predicare»[173].

E sappiamo delle sue "Messe della carità", quanto avversasse tale principio.

Solo nel codice evangelico, il povero è l'unico erede del Regno.

A questo punto, ammonisce la Chiesa stessa, avvertendola che deve cambiare rotta: o si fa povera, così potrà rappresentare la vera figura del Regno, o continua a perdere la sua identità.

Può sembrare uno scritto di San Francesco, e perché no, anche del nostro Pontefice, papa Francesco.

È questo amore per i poveri, estremamente profondo e intenso che viene dal cuore, che caratterizza fortemente la figura di David Maria Turoldo.

7.3 Turoldo il profeta

Nel 1991, durante l'omelia di una messa domenicale, proprio nel giorno di Sant'Egidio, padre Turoldo approfittò dell'occasione per parlare ai fedeli della figura del santo, tanto più che l'abbazia di Fontanella era ed è intitolata a lui.

---

173 NICOLAI PAYNTER M., *Perché libertà sia libera*, op. cit., p.121.

Ricordò che era un eremita di origine greca, ritiratosi nella solitudine del deserto per pregare in tutta tranquillità.

Ma come succede a tutti gli eremiti, quando si sparge la voce della loro presenza in un determinato luogo, la sua pace venne interrotta dalle continue visite di molta gente.

Allora decise di cambiare destinazione e si spostò in Provenza, ma anche lì accadde la stessa cosa. Questo lo portò a pensare che fosse un segnale della volontà di Dio. Così pensò di fondare un convento e ne divenne abbate.

Si sparse la voce della sua santità, anche perché si diceva che un corvo gli portasse del pane.

Prima del Mille, la sua fama oltrepassò i confini della Francia e si diffuse in Inghilterra e in tutta l'Europa, e il movimento monacale di Cluny lo "adottò" come vessillo.

I cluniacensi arrivarono in Italia, diffondendo la devozione di Sant'Egidio sino a Fontanella, fondando l'abbazia e la stupenda chiesa[174].

Questi monaci coltivavano i campi e recitavano ininterrottamente i salmi.

> *«E noi, abbiamo tentato di riprendere questa "tradizione" di cantare i salmi. Perché, come dicevo, il senso della preghiera non è soltanto quello di riassumere il senso del creato: "Fatti voce di tutto il creato", quella è una nostra frase messa dentro nel canone della messa. L'ho messa dentro io, per*

174 Cfr. MATTANA G., *Turoldo. L'uomo, il frate, il poeta*, op. cit., pp. 192-193.

cui in tutto il mondo adesso si dice quel canone: "Fatti voce di tutto il creato". Non è soltanto questo, ma anche riassumere nella preghiera tutta la storia»[175].

Questa è la tradizione per Turoldo. Egli diceva che la fedeltà alla tradizione, rende forti e liberi e anche creativi. Valori che ha sempre perseguito durante il percorso di tutta la sua vita.

175 TUROLDO D. M., *Dialogo tra cielo e terra*, op. cit., pp. 365-366.

CAPITOLO VIII

Turoldo e la politica

8.1 La scelta di Turoldo

Padre Turoldo fu accusato dalla Chiesa di essere laico e di sinistra. Perciò gli fu negata la sede, ogni impegno, il contatto con gli amici e la sua terra e gli fu imposto l'esilio. Tutto questo perché si era schierato dalla parte dei poveri, degli operai, degli sfruttati, a favore degli ultimi.

Alcuni gruppi della sinistra pensavano di averlo coinvolto, specialmente quando attaccava il capitalismo occidentale e la borghesia insensibile ed egoista.

Turoldo diventava sempre più famoso, popolare ma anche strumentalizzabile, per le affermazioni che concedeva nelle interviste che gli facevano, negli interventi in tv e negli articoli che scriveva sui giornali. Alcune volte, egli stesso si era prestato al gioco dei nemici della Chiesa.

Un suo caro amico, Alessandro Pronzato, che ben lo conosceva, descrive i “pregi – difetti” della sua personalità:

> *«L'ingenuità, l'innocenza, i capricci, le impuntature, la disponibilità, la vanità, il candore, le collere fiammeggianti, la fedeltà, la passione(...)»*[176].

Tuttavia, nessuno inteso la profondità delle posizioni di Turoldo. Egli conosceva i suoi limiti legati alle sue convinzioni religiose e laiche, e alla sua fedeltà a Dio, alla Chiesa e al suo Ordine. Non si sarebbe mai impegnato politicamente con alcun partito.

Ebbero inizio così, anche da parte dei partiti, le accuse di mancanza di coraggio rivolte a Turoldo, diversamente da alcuni suoi amici, che avevano aderito entrando nelle file di quella sinistra cattocomunista e in altre formazioni politiche[177].

Turoldo veniva attaccato duramente da una parte e dall'altra, ma gli orizzonti aperti dal Concilio, rinverdivano la sua speranza.

Non più disperate preghiere narra il tanto desiderato clima sereno con tanta fiducia nell'opera dello Spirito Santo:

> *«(...) non più uno stato di guerra*
> *Non più le giovanili disperazioni (...).*
> *Non più l'aspra e diffidente e oscura*
> *condanna di chi rappresenta il pontefice*
> *e non capiva il mio amore (...).*

---

176 PONZATO A. - ZOIS G., *Il coraggio di sapere. Padre Turoldo*, Ferrari, Clusone, 1992, p. 24.
177 Cfr. MATTANA G., *Turoldo. L'uomo, il frate, il poeta*, op. cit., pp. 207-208.

Oh, le amare intese del tuo gesto
e le falsificazioni della Parola
invece così dolce e chiara!
Era carne della mia carne e sangue
che spargevo all'alba sulle porte (...).
Non più fughe impossibili!
Oh, fratelli, più non piangete,
è nulla quanto è accaduto
quanto insieme abbiamo sofferto
per questo dono inatteso»[178].

Non fu così per Aldo Moro, che aveva costituito con Enrico Berlinguer, leader del Partito Comunista Italiano, il compromesso storico.

La Chiesa che aveva scomunicato i comunisti non inflisse la scomunica al suo leader.

Neanche con don Sturzo, che nel 1919 aveva fondato il Partito Popolare, furono adottati provvedimenti riservati a padre Turoldo. Non solo, don Sturzo divenne segretario politico e più in là, nel 1945, lo "resuscitò" con il nome di Democrazia Cristiana[179].

Don Sturzo aveva abbracciato a pieno la politica, già da sacerdote nel 1894, e nel 1905 fu eletto sindaco di Caltagirone, poi consigliere provinciale di Catania e vice presidente dell'Associazione delle Municipalità Italiane con

178 CASTELLI F., *David Maria Turoldo: Una vita tra poesia e profezia,* in «La Civiltà Cattolica», III/143/3409,1992, Roma, p. 381.
179 Cfr. MATTANA G., *Turoldo. L'uomo, il frate, il poeta*, op. cit., p. 209.

serietà e onestà.

Ma perché non è stato punito dalla Chiesa nello stesso modo di Turoldo? Anche Turoldo era sempre stato fedele ai suoi voti e alla sua Chiesa, allora perché nel suo caso furono utilizzati due pesi e due misure?

Questo si spiega solo perché padre Turoldo era fermamente convinto che la Chiesa dovesse essere sempre, e in tutte le fasi della storia, dalla parte dei più poveri, degli ultimi, perché Cristo è sempre contemporaneo.

Pensava anche che la Chiesa dovesse sempre battersi affinché ogni persona fosse libera, come liberi furono padre Turoldo e padre Camillo[180].

Così liberi da mettere da parte ogni paura di essere giudicati, quando il giorno della caduta di Mussolini, il 26 aprile 1945, salvarono dal pestaggio della folla adirata un fascista, e in quei giorni ospitarono altri fascisti nel convento di San Carlo, che divenne rifugio di ebrei e di partigiani durante la Resistenza.

Qualunque sia stata la sua scelta, non ha grande importanza, perché Turoldo non si è mai impegnato con nessun partito politico. Per lui erano tutti uomini, e soprattutto uomini indifesi che andavano necessariamente aiutati[181].

Sin dai tempi dell'università assunse il suo impegno per l'*Uomo*, con grande appoggio di padre Camillo De Piaz, fondatore anch'egli del foglio "*L'Uomo*";

---

180 Ibidem, p. 209.
181 Ibidem.

e con il docente di Filosofia, Bontadini, che optò per il partito cristiano della sinistra, e ne condivise il pensiero che maggiormente collimava con il credo religioso che li accumunava[182].

> *«(...) gli operai, i contadini, i meno abbienti, i più sfruttati sono i poveri del Vangelo, che saranno beati in paradiso ma che, per quanto riguarda l'ideologia, troveranno con la lotta di classe il loro premio già in questa vita terrena»*[183].

8.2 Turoldo profeta

In Russia il Partito Comunista divenne regime, con a capo Stalin, un crudele dittatore. Furono uccisi milioni di contadini, altri furono mandati in Siberia nei lager, e ad altri ancora riservava la via dei manicomi, perché non riuscivano ad adeguarsi al potere, e si cercava in tutti i modi di inibire, anzi, si negava la libertà di pensiero[184].

La Russia era anche la nazione che smerciava armi in tutto il mondo, tanto quanto gli Stati Uniti, l'Europa, la Cina. Per non parlare di quello che stava accadendo anche in Albania, Cuba, eccetera.

Turoldo era al corrente di tutto questo, e nella sua sofferenza, ha cantato il suo rifiuto in molte poesie e ha palesato il suo dolore ai poveri, dicendo loro che

---

182 Ibidem, pp. 209-210.
183 Ibidem, p. 210.
184 Cfr. MATTANA G., *Turoldo. L'uomo, il frate, il poeta*, op. cit., p. 210.

la liberazione non parte dagli uomini e dalle loro ideologie[185].

> *«L'America fabbrica armi*
> *la Russia fabbrica armi*
> *tutta l'Europa fabbrica armi*
> *l'Inghilterra e la Svezia vendono armi*
> *la Francia e il Belgio e l'olanda vendono armi*
> *perfino l'Italia – il più festoso paese*
> *d'Europa – vende armi...*
> *(...).*
> *E va bene: distruggeteci subito e sia*
> *finita. Ma non dite:*
> *noi siamo per la pace.*
> *(...).*
> *Anche a difesa di Dio*
> *"metti via la spada!"*
> *(...)».* (*Appello a tutti gli operai* in "Salmonia contro le armi")[186]

Il bisogno di liberarsi, conduce gli uomini di buona volontà, in modo misterioso e radicale, a travolgere e superare ogni ideologia. L'ideologia al potere, per quanto rivoluzionaria, sarà sempre una forza conservatrice, se non altro per conservare il potere.

> *«L'uomo è l'immagine di Dio, Dio che geme per l'uomo e se la Chiesa non è per l'uomo non è degna di fede, non può essere chiesa e se le politiche non sono per l'uomo vadano alla malora tutte. Maledetto l'uomo che non è per*

185 Ibidem, pp. 209-210.
186 Ibidem, p. 217.

l'uomo, maledetta ogni idea, ogni fede»[187].

Turoldo avverte che, anche per il cristianesimo, ridotto a ideologia, potrebbe accadere la stessa cosa. È la libertà che supera e abbatte tutti i miti ideologici, la conquista è molto rara, difficile e costosa.

Infatti, dopo l'abbattimento del muro di Berlino, si arrivò a dire, da alcuni Stati dell'Est dell'Europa, che "si stava meglio, quando si stava peggio"[188].

Turoldo rivela e profetizza così:

«Maledetta Europa,
per i tuoi giorni
e per le tue notti
per il tuo passato
e per l'avvenire.
Maledetta amata
odiata Europa,
sono le tue città
sempre più cariche
di rapine:
giungle impenetrabili.
I santi sugli altari
nella gloria barocca
sono tutti in condizioni
di non nuocere più.
(...)
Europa, donna

187 www.ilgalileo.eu/n14/turoldo.html
188 www.mosaicodipace.it/mosaico/a/36427.html

che sedusse l'universo,
una mano nera ha rotto
i fili della tua mente.
Europa sempre affamata
non di fede
ma di oro e sangue(...)». (*Mia Europa!* in "Il sesto angelo")[189]

dichiara in queste righe, un mondo triste dalle passioni tristi, di una fame mai saziata di oro che corrompe la mente e genera sangue, e i santi ridotti a oggetti di devozione che non nuocciono più[190].

8.3 Intervista a Turoldo religioso e laico

Durante una intervista fu chiesto a Turoldo se avesse fatto delle scelte partitiche e se si fosse schierato a sinistra.

A questa domanda, Turoldo rispose che non gli erano mai interessate scelte riguardanti partiti o schieramenti politici, piuttosto che viveva un impegno molto più coinvolgente:

> *«(...) la scelta di stare dalla parte dell' "uomo che scendeva da Gerusalemme a Gerico", capitato in una società di ladri, caricato di ferite, spogliato e lasciato mezzo morto ai margini della strada. (...)»*[191].

189 Ibidem.
190 Ibidem
191 NICOLAI PAYNTER M., *Perché libertà sia libera*, op. cit., p.87.

Turoldo continua dicendo che, là dove c'è un uomo che soffre, cattolico, comunista, americano, russo e perfino disonesto, lui è sempre dalla sua parte.

> *«(...). Sappiamo tutti che da quella parte è il samaritano, anche se non c'è il prete e non c'è il levita...Questo non è essere di sinistra!»*[192].

Ciò significa che non esiste né essere di destra né di sinistra, ma essere dalla parte di Dio.

All'altra domanda che gli viene posta, sull'etichetta di "prete moderno e scomodo", Turoldo chiarisce che, il prete, al di là del suo modo di essere più concreto nel quotidiano, ha il compito di testimoniare Gesù Cristo, niente di più scomodo.[193]

Era accusato di fare politica, e sulla base di questo pregiudizio, era stato, anzi erano stati calunniati e contestati Turoldo e De Piaz, come anche don Milani e don Mazzolari, con tutti i mezzi: pressioni dalle curie, rivalse di una certa gerarchia ecclesiastica e, alla fine, anche provvedimenti disciplinari[194].

Dice padre Camillo in merito:

> *«(...) il danno l'hanno fatto proprio le etichette più o meno giustificate: ci hanno appioppato di volta in volta i tre aggettivi più insopportabili accostati alla parola prete, i tre appellativi più incomprensibili: prete rosso, prete progressista. prete scomodo. Che cosa vogliono dire? Chiariamolo una volta per tutte.*

---

192 Ibidem.
193 Ibidem, p. 220.
194 Cfr. GOZZINI G., *Sulla frontiera*, op. cit., p. 168.

Il prete è al di là delle sue scelte politiche, il prete è radicato in una Tradizione al di là del suo modo di presenza nel mondo; soprattutto egli ha il compito di testimoniare Gesù Cristo, cioè niente di più scomodo. (...).
Ma il nostro vero torto, questo sì, è di aver avuto ragione troppo presto, per quanto oggi possa essere insieme doloroso e motivo di orgoglio ammetterlo. (...), a me basta e avanza che alla fine ci abbia dato ragione un papa come Giovanni XXIII»[195].

È difficile, in questi tempi, ispirarsi agli estremi principi e nel contempo schierarsi nella realtà quotidiana, ed è per questo che Turoldo mette in guardia dicendo che, nessuna ideologia deve avere il sopravvento sulla fede.
Ancora una domanda scomoda viene posta a padre David, ed è quella sul voto a favore per il divorzio e per l'aborto.
Turoldo risponde:

«(...) Per me l'aborto è un male! Il divorzio è un male! Però devo rispettare gli altri (...). (...) se tu hai un'altra concezione, farò di tutto per rispettarti, farò di tutto perché tu riesca a credere anche in quelle cose in cui io credo, ma se no, pazienza. Io, la libertà anzitutto»[196].

Aggiunge ancora:

«A fare da spartiacque alla mia vita religiosa e civile è stata prima di tutto la Resistenza. (...)Anzi, qui mi permetto di richiamare un testo (...)un testo che io considero fondamentale per le generazioni future,(...). È un testo che mi tengo sul tavolo accanto alla divina Scrittura: si tratta delle "Lettere di condannati a

---

195 Ibidem, p. 220.
196 NICOLAI PAYNTER M., *Perché libertà sia libera*, op. cit., pp.87-88.

morte" dell'Italia e dell'Europa (Einaudi, 1963)».[197]

Turoldo ha coniato "*Credo e perciò sono libero*", è da questo suo pensiero che emerge il religioso e il laico, ma serve ancora per farci comprendere molte altre sue scelte.

La sua libertà l'ha dimostrata, come abbiamo già visto sin dalla Resistenza, quando con padre Camillo, oltre agli ebrei salvò anche i fascisti[198].

Segue una domanda sul titolo del testo del 1985"*Ritorniamo ai giorni del rischio*" dove si deduce che l'auspicata "nuova cultura" non si è materializzata

Turoldo risponde:

> *«Non è nata né una nuova cultura, né, quindi, una nuova politica; e neppure un modo nuovo di fare religione, o di "sentire " la religione. (...) no, non è avvenuto quanto tutte le lettere di quei condannati a morte auspicavano nel loro augurio finale: per cui quelle vittime erano perfino felici di dare la vita e di morire sognavano la nascita di una nuova umanità, la nascita di quell'"uomo nuovo" che poi costituisce il cuore dello stesso messaggio cristiano. (...) Ho scritto "Ritorniamo ai giorni del rischio", sempre gioioso di illudermi. Mentre so che proprio questo giustifica la concezione, ormai metafisica, di una resistenza quale concezione fondamentale dell'essere cristiano. Per resistere appunto dentro la stessa società, tanto religiosa che civile: essendo lo sfondo permanente del "sistema", cui sono ugualmente partecipi sia la Chiesa sia la società (...) conscio che la resistenza e relazione*

---

197 Ibidem, p. 220.

198 Cfr. MATTANA G., *Turoldo. L'uomo, il frate, il poeta*, op. cit., p. 222.

costituiscono un'unica dialettica, la quale permane e attraversa tutti e due i soggetti in azione. Ciò per spiegare quanto mi è capitato, e il conto che ho dovuto pagare»[199].

L'ultima domanda è molto articolata: gli viene chiesto se anche tra i poveri ci possa essere cupidigia, invidia, gelosi…;

Turoldo risponde:

> *«(...) se il povero invidia il ricco farà la fine del ricco e non quella di Lazzaro che entrò subito nel paradiso».*

Ancora, nella stessa domanda, il giornalista chiede spiegazioni a proposito di una sua affermazione, precedentemente rilasciata da padre David, circa la povertà come unica soluzione a tutti i problemi mondiali.

Turoldo in quella occasione aveva detto:

> *«Credo che sia l'unica soluzione a tutti i problemi mondiali. Non sono le cose a fare l'uomo ma l'indipendenza da esse. Lo dicono anche gli economisti che, se non si torna alla legge della povertà, non c'è possibilità di sopravvivenza»*[200].

Il giornalista, a questa affermazione chiede a Turoldo: *Non è questa un'utopia*?

Turoldo risponde in questo modo:

---

199 NICOLAI PAYNTER M., *Perché libertà sia libera*, op. cit., pp.85-86.
200 MATTANA G., *Turoldo. L'uomo, il frate, il poeta*, op. cit., p. 223.

«In quanto alla seconda domanda: Utopia è tutto ciò che noi non vogliamo che diventi realtà! (...) L'utopia è ciò che attende di diventare realtà. Anche Cristo è un'utopia! E chi può dire di averlo realizzato? Anche la felicità è un'utopia. E chi può dire di essere finalmente felice? E tuttavia tutti cercano la felicità. Anche la pace è un'utopia che tu devi continuamente realizzare. Non spaventarti davanti alle parole: è l'utopia che fa andare avanti il mondo!»[201].

---

201 PONZATO A. - ZOIS G., *Il coraggio di sapere. Padre Turoldo*, op. cit., p. 204.

CAPITOLO IX

L'Ordine dei Serviti di Santa Maria

9.1 I fondatori

Sin dai primi anni di scuola, Turoldo, ha dimostrato di essere un poeta. Tale vena poetica l'ha potuta coltivare all'interno dell'Ordine dei Servi di Maria, al quale apparteneva.

Nella presentazione del suo libro "*Come i primi Trovatori*", che è la cronistoria del suo Ordine, Turoldo ringrazia i suoi confratelli e le sue consorelle:

> *«(...) per essere vissuti insieme nelle nostre comunità; per aver lottato insieme: e faticato e sperato. Anche se molte volte saremo stati segnati da notti lunghe e vuote, da notti senza nessuna pescagione; o anche, pur dopo aver fatto frutto e qualunque fosse il risultato, persuasi sempre di essere "servi inutili". Senza con questo perder la speranza di continuare a operare ancora a lungo, quale gente che crede nella vita»*[202].

Egli è fiero della sua appartenenza a quell'ordine al quale è rimasto sempre fedele. Esplicita il suo entusiasmo in questo modo:

> *«Felice oggi più che mai di ritrovarmi frate di un Ordine qual è il mio: un*

---

202 TUROLDO D. M., *Come i primi Trovatori. «In amore di nostra Donna»*, Cens, Liscate, 1988, p.9.

Ordine piccolo, ma libero e fantastico»[203].

I fondatori[204], sette laici fiorentini, il cui priore era coniugato, erano un gruppo di "cantori" del "dolce stil novo", aggregato alla compagnia dei "Laudesi", che nel Medioevo componevano e cantavano laudi sacre[205].

Turoldo ha ripreso e fatta propria questa originaria particolarità del suo Ordine, infatti padre Camillo De Piaz scrive:

> *«È un Ordine, il nostro, ricco, oltre che di ascendenze artistiche, di voci poetiche, memore in questo della sua figliolanza dai Laudesi dugenteschi, parenti prossimi della prima letteratura italiana. Un Ordine che canta. Poesia religiosa e – come no?- poesia amorosa. Non era così, al tempo delle origini, quando l'una e l'altra fiorivano dalle stesse penne, o dalle stesse cetre?»*[206].

Il gruppo formato da ex mercanti, si ritirò nel 1245 sul monte Senario vicino Firenze, e fondò una comunità religiosa[207].

Nascono così i Servi di Santa Maria, cantori della bellezza che vogliono rinnovare la Chiesa, perché, Turoldo ne è convinto, è dalla base che parte il rinnovamento.

> *«Non ho mai creduto, se non per un miracolo, che la rinnovazione parta dall'alto, dai vertici. I vertici hanno il compito di sorvegliare, e anzi meno si*

---

203 Ibidem.
204 I sette santi sette fondatori dell'Ordine dei Servi di Maria sono: Bonfilio, Bartolomeo, Giovanni, Benedetto, Gerardino, Ricovero e Alessio. Prima mercanti a Firenze, di comune accordo, sul monte Senario, si consegnarono nelle mani della beata Maria, istituendo l'Ordine sotto la regola di sant'Agostino. www.santiebeati.it/dettaglio/26150.
205. Cfr. TUROLDO D. M., *Dialogo tra cielo e terra*, op. cit., pp. 36-37.
206 Cfr. FISCON A.- GRANDESSO E. (Ed.), *Testimonianza e poesia, David Maria Turoldo*, op. cit., pp. 272-273.
207 Cfr. MATTANA G., *Turoldo. L'uomo, il frate, il poeta*, op. cit., p. 295.

muove e più sicuro è il vertice; perché quando la base si muove, il vertice si muove e può anche crollare. (...)
E non ci sono più questi uomini, almeno tra di noi, e non c'è più gente che è disposta e disponibile a questo a questo servizio. E poi sono amici, tutti e sette. Tutti e sette cittadini, unico esempio di tutte le canonizzazioni di santità. Tutti come se fosse un cuor solo e un'anima sola, una "pietate concordes, uno pane satiati". Sono Eucaristia vivente, sono comunione, sono amicizia. E sono talmente tanto amici... (...) come del resto dovrebbero essere ogni casa, ogni ministero, ogni Chiesa»[208].

E Firenze resta stupita da questa armonia e grande amicizia, soprattutto a causa delle faziosità che prevalevano nella città.

È così che inizia ad operare la Chiesa della Santissima Annunziata nel cuore di Firenze[209].

Nel 1274, il Concilio di Lione II vieta il sorgere di altri Ordini, e per cinquant'anni i santi fondatori lottarono per ottenere la bolla "Dum levamus", conferita da Benedetto XI nel 1304.

9.2 Gli sperimentatori

Turoldo si chiede se ancora oggi gli Ordini abbiano ragione di esistere, e quale ruolo essi interpretino in una Chiesa in rinnovamento.

L'Ordine di Santa Maria, essendo un Ordine di medie proporzioni,

---

208 TUROLDO D. M., *Dialogo tra cielo e terra*, op. cit., pp.162-163.
209 Ibidem.

formato all'incirca da un migliaio di frati, era anche integrato nelle missioni, e i suoi frati venivano sparpagliati un po' dovunque, per il mondo.

Questo impegno missionario potrebbe essere uno dei compito di frati; oltretutto la "missionarietà" porta il vantaggio di essere liberi dai lacci burocratici e istituzionali, offrendo quell'indipendenza tanto cara ai Servi di Maria, e permettendo anche di dar corso a quell'estro spirituale che arricchisce la fede e la Chiesa di Cristo.

A tal riguardo Turoldo parla di una "libertà", intesa sempre nei limiti del proprio ruolo di frate che è sempre disposizione del Vescovo.[210]

D'altro canto, il Vescovo e le altre autorità non possono considerare la caratteristica peculiare proprio dell'Ordine, cioè:

> *«(...) nel rispetto pieno, da parte del vescovo e di qualunque altra autorità, della sua vocazione di frate mendicante, che è quella di essere "un trovatore di Dio", uno sperimentatore per natura, di nuove forme di servizio a Dio e alla Chiesa»*[211].

Dove, per "mendicante", si intende la rinuncia a compromessi temporali e politici, liberi da una struttura feudale, fondata sulla proprietà fondiaria, e spinti verso un ritorno alle origini, al puro Vangelo.

---

210 Cfr.turoldo d. m., *Come i primi Trovatori*, op. cit., pp. 64-67.
211 Ibidem.

9.3 I fratelli[212]

«Anche la parrocchia probabilmente non è un istituto che si adatti alla vita religiosa dell'Ordine mendicante. (...)».

Per arrivare ad un accordo, in altre parole, una delle due dovrebbe cambiare.

La struttura parrocchiale dovrebbe trasformarsi sul piano comunitario, cioè diventare una comunità di popolo, a condizione che i frati siano fratelli "declericalizzati" e diventino il "lievito di tutta la farina". Altrimenti la parrocchia intesa come "centro organizzativo", come una "centrale burocratica", dove il frate vive in condizioni dolorose e conflittuali con se stesso e con le istituzioni, non si comprenderebbe più cosa sia.

Turoldo afferma che, "*il futuro della Chiesa è tutto nel numero 26 della Costituzione conciliare sulla Chiesa*". Diversamente la Chiesa resterebbe una "società perfetta" ma non Chiesa.

Il futuro deve parlare più di Chiese e meno di Chiesa, dove la Chiesa locale viene prima della Chiesa universale.

«Questa Chiesa di Cristo è veramente presente nelle legittime comunità locali di fedeli, le quali, unite ai loro pastori, sono anch'esse chiamate Chiese nel Nuovo Testamento.(...) In esse con la predicazione del Vangelo di Cristo

---

212 Cfr. TUROLDO D. M., *Come i primi Trovatori.*, op. cit., pp.66-69.

vengono radunati i fedeli e si celebra il mistero della Cena del Signore, « affinché per mezzo della carne e del sangue del Signore siano strettamente uniti tutti i fratelli della comunità». (...)In queste comunità, sebbene spesso piccole e povere e disperse, è presente Cristo, per virtù del quale si costituisce la Chiesa una, santa, cattolica e apostolica. Infatti "la partecipazione del corpo e del sangue di Cristo altro non fa, se non che ci mutiamo in ciò che riceviamo"»[213].

Questa è la realtà in cui devono inserirsi gli Ordini dei mendicanti, fondata sulla povertà e liberi dai giuridicismi, testimoni esemplari, della vita in comunione con la comunità e la Chiesa.

«Non in tanto una Chiesa dentro la Chiesa, ma in quanto "questa" comunità di fratelli è Chiesa nella sua intima essenza, particolarmente per la povertà e per l'obbedienza e per la verginità abbracciata come voto. (...) Chiesa veramente lavata con il lavacro dell'acqua nella parola di vita; vista in avanti; Chiesa senza macchia né ruga né altro di simile, ma santa e immacolata»[214].

9.4 I laici e religiosi

Padre David, con il suo inseparabile amico fraterno padre Camillo, aveva da sempre sognato un convento, anzi, una comunità destinata a svolgere la funzione della Chiesa, intesa come asilo sicuro e posto d'accoglienza per religiosi e laici.

Infatti, i fondatori iniziarono la propria impresa da laici. Anche San

213 CONCILIO VATICANO II, Costituzione dogmatica sulla Chiesa *Lumen Gentium*, in Enchiridion Vaticanum, I, EDB, Bologna, 1981.
214 Cfr. TUROLDO D. M., *Come i primi Trovatori.*, op. cit., p.69.

Francesco era laico, e non volle diventare prete per non cadere nella tentazione del potere.

«Il laico non si contrappone al sacerdote, ma al clero»[215].

Turoldo spiega che, chi vuole rinnovare la Chiesa, procede nella stessa direzione del sacerdote. Il laico è contro il clericalismo, e non contro la Chiesa, cioè l'organizzazione ecclesiale di una Chiesa che non si vuole rinnovare.

Infatti, l'approccio laico con il gruppo è spontaneo ed è fraterno, senza quelle formalità gerarchiche che non sono congeniali ai frati serviti, eredi della Compagnia dei Laudesi del 1220 che sin d'allora avevano praticamente creato quella che oggi si chiama "comunità di base".

Anche Cristo era laico, e non fu un caso che fu proprio il sommo sacerdote del Sinedrio a decretare la condanna a morte[216].

Turoldo e De Piaz erano contemporaneamente religiosi e laici, e per questo loro modo di fare apostolato, di rendere testimonianza poco convenzionale, furono guardati con sospetto da quella Chiesa che non accetta il rinnovamento.

---

215 Ibidem, p. 87.
216 Ibidem, pp.87-88.

9.5 I cantori

I sette santi fondatori, legati da una profonda e fraterna amicizia, nella Compagnia Maggiore di Santa Maria erano anche cantori, componevano "laudi sacre" fiorentine, intrise di gentilezza e di cavalleria, alla Vergine Maria. Turoldo la descrive come "*una nuova liturgia ispirata alla Donna, all'Alma Mater*"[217].

In quegli anni, stava emergendo una "classe nuova", portatrice di nuovi valori e di una nuova cultura, destinata a tutta l'Europa.

Vi appartenne anche Dante con tutti gli altri, che diedero lustro alla nostra civiltà e, nella metà del 1200, questa cultura divenne una corrente letteraria e prese il nome di "Dolce stil Novo", entrata nella storia della letteratura italiana e destinata a influenzare tutta l'Europa. "Dolce" perché era caratterizzato da una nuova sensibilità nei confronti del gentil sesso, contrapposto ad una società rude e guerriera del primo Medio Evo.[218]

Questi Laudesi, erano formati da piccoli gruppi di laici, fuori dalla Chiesa, il che consentiva loro di dare libero corso al proprio genio spirituale e poetico. E proprio nella *Divina Commedia* trovarono sbocco i due filoni della letteratura italiana delle origini: la poesia amorosa e la poesia religiosa[219].

---

217 Ibidem.
218 Cfr. GOZZINI G., *Sulla frontiera*, op. cit., p. 20.
219 Ibidem.

Questa digressione, di tipo storico- letteraria, è tesa a dare un'idea del clima in cui ebbero inizio le prime esperienze gli antichi Padri fondatori.

Turoldo, pienamente inserito nella corrente dei cantori santi, ereditata e incarnata dal suo Ordine, è stato riconosciuto come "trovadore e laudese" contemporaneo e invita i suoi confratelli a ritornare alla bellezza di pregare, alla bellezza di scrivere, alla bellezza stare insieme. E per dirla come Dostoevskij: "*sarà la bellezza a salvare il mondo*"[220].

Pertanto, Turoldo si sente orgoglioso e grato di appartenere al suo Ordine, tra i Serviti di Santa Maria, che gli ha dato l'opportunità di coltivare insieme il culto del bello e del santo.

Invita ancora i fratelli a frequentare, come amici, gli artisti, e aprire i conventi ai centri culturali, così che possano diventare luoghi di riferimento per cantori e trovadori. E possano le chiese diventare ancora più belle, templi di fede e di arte[221].

L'autore David Maria Turoldo nel testo "*Come i primi Trovatori*", ci dona diversi capolavori, preghiere e canti, in campo mariologico, descrivendo la figura di Maria l'Immacolata con un semplice aggettivo "bellissima" pieno di incontenibile gioia:

---

220 Cfr. TUROLDO D. M., *Come i primi Trovatori.*, op. cit., p. 113.
221 Ibidem, pp. 110-111.

Gesù era il Figlio della Bellissima:

«Ci è dato un bimbo, ci è nato un figlio,

della Bellissima è l'unico figlio»[222]. (*Figlio della Bellissima, in* "Laudario alla Vergine")

Molte comunità di Servi e di Serve di Maria, all'Ora Nona riascoltano Ef 5, 25-27, esaltanti versetti dell'immenso amore di Cristo che ha donato la propria vita perché la Chiesa fosse "*tutta gloriosa, senza macchia né ruga o alcunché di simile, ma santa e immacolata*".

L'espressione *senza macchia né ruga* ha ispirato una preghiera di padre Turoldo, nella quale l'ispirazione poetica si unisce con lo slancio supplice: [223]

«Donna, o Madre di Dio e dell'uomo,
immacolata concezione del mondo,
goccia di luce nascosta in ogni fiore,
santità delle fonti,
terra che ama e adora,
tu la gioia di esistere
di ogni vita,
perché sei il grembo d'oro
nel quale Cristo ha unificato in sé
tutte le cose: in lui nel quale tutti
ora siamo chiamati ad essere

222www.servidimaria.net/sitoosm/it/risorse/documenti/lettere_generali/chiamati%20ad%20essere%20santi%20e%20immacolati.htm
223 Ibidem.

umanità senza macchia né ruga

ma santa e immacolata:

realizzazione del sogno di Dio…

Amen»[224].

224 TUROLDO D. M. - RAVASI G., *«Viviamo ogni anno l'attesa antica». Tempo di Avvento e di Natale. Commento alle letture liturgiche*, San Paolo, Cinisello Balsamo, 2002, p. 192.

CONCLUSIONE

Nel corso di questo lavoro di ricerca su David Maria Turoldo, ho trovato grande aiuto sia nei suoi scritti, in prosa e in poesia, sia negli scritti dei suoi amici. Altre notizie le ho apprese, di persona, dai confratelli di Fontanella sotto il Monte, che serbano un ricordo di lui ancora vivo e fedele.

È importante considerare come, i molteplici suoi interessi e le sue esperienze nel sociale e nel religioso, uniti all'espressività e anche alla musicalità del suo linguaggio, abbiano aperto dinanzi ai miei occhi nuovi orizzonti, arricchito la mia mente di conoscenze inedite.

Per questo, reputo necessario elencare qualcuno di quei temi svolti e trattati dall'umile, sempre povero, orgoglioso e fiero, nonché dotto, frate servita.

La partecipazione alla Resistenza è intesa come valenza liberatoria dal disumano all'umano.

La speranza di un domani di giustizia e di pace per tutti i popoli della terra.

L'ecumenismo tanto agognato e celebrato da lui e da i sui confratelli, che permette non solo di dialogare, ma di lavorare con laici anche atei, con fratelli di altre confessioni, di confrontarsi pur sempre fedele ad una Chiesa aperta a tutti.

Il valore dell'amicizia, valore sacro, che unisce uomini, donne, stranieri, italiani, facendo spezzare il pane a tutti.

La laicità che conduce fuori dalla sagrestia, e rende liberi di riconoscersi nel contempo, "profondamente religiosi e festosamente laici"; è anche un trovarsi riuniti spontaneamente in modo laico e fraterno, privo di formalità gerarchica, propria dei serviti di oggi, ereditata dalle compagnie laudesi del '200.

La povertà è la fedele compagna della sua vita. I percorsi migliori per poterlo incontrare e conoscere da vicino, sono proprio i sentieri della miseria, della povertà, della sofferenza, non le vie della gloria: queste non sono le epifanie di Dio.

A tale proposito, distingue con due termini il fenomeno della povertà: la miseria indotta e la povertà contenta e benedetta, di papa Giovanni XXIII, che per padre Turoldo si chiama parsimonia, e può diventare beatitudine, mistero della grazia e dell'amore divino.

È la povertà di Dio che si spoglia della sua divinità e si fa servo obbediente sino alla morte di croce: è la povertà della Chiesa che ha come sua unica ricchezza, la Parola. "*La povertà è la legge del mondo. Senza povertà non c'è soluzione*". Infine i poveri, visti come gli unici eredi del Regno: "*è più facile che un cammello passi per la cruna di un ago che un ricco entri nel regno di Dio*" (Mc 10,25).

La libertà è una caratteristica peculiare dell'Ordine dei frati serviti. Anche se non sono mai stati una grande potenza numerica nella Chiesa, essi hanno costituito una presenza " libera e fantasiosa".

Questa dimensione di libertà appare ovunque, in ogni suo pensiero. Così che egli si può permettere di sentirsi libero sia dal punto di vista speculativo, in quanto filosofo e teologo, sia dal punto di vista creativo, nella la sua poesia.

La libertà di Turoldo inoltre, è una libertà accompagnata alla responsabilità capace di raddrizzare le possibili "divagazioni" di un pensiero libero.

La "mania" di Dio, così chiamata da Turoldo, la sua ricerca incessante dell'Assoluto, contrassegnata dal tormento continuo del dubbio, lo hanno portato a far ricorso ad accostamenti contrastanti come: essere - non essere, presenza - assenza, silenzio - parola. E l'unica risposta possibile al cammino di ricerca è Gesù Cristo.

Questo lavoro mi ha anche permesso di penetrare nella sua interiorità, di scavare nei suoi pensieri più reconditi, in altre parole, di accostarmi a lui con rispetto e ammirazione, affascinata dalla sua personalità unica.

Per quanto riguarda il mio impegno di ridurre ad unità la complessità della sua opera, ho dovuto far ricorso, e poiché siamo in tema, ad una similitudine: come un diamante tagliato ad arte, sprigiona una luce meravigliosa delle sue numerose sfaccettature, così la molteplicità delle sue riflessioni che hanno dato vita ad un'opera evidentemente complessa, trova unità alla luce della Parola, attraverso la quale vengono passati al vaglio tutti i suoi pensieri, le sue azioni, le sue reazioni.

Il grande anelito di libertà che traspare ovunque, in ogni suo pensiero ed azione, è l'altro elemento unificante della sua opera.

E durante la malattia, difronte al cospetto della morte, l'atteggiamento di Turoldo, conferma "il privilegio di credere" e cantare la sua gioia di vivere, liberamente.

«Ama
saluta la gente
dona
perdona
ama ancora e saluta
(nessuno saluta
nel condominio,
ma neppure per via).
Dai la mano
aiuta
comprendi
dimentica
e ricorda
solo il bene.
E del bene degli altri
godi e fai
godere.
Godi del nulla che hai

del poco che basta
giorno dopo giorno:
e pure quel poco
- se necessario -
dividi.
E vai,
vai leggero
dietro il vento
e il sole
e canta.
Vai di paese in paese
e saluta
saluta tutti
il nero, l'olivastro
e perfino il bianco.
Canta il sogno del mondo:
che tutti i paesi
si contendano
d'averti generato». (*Canta il sogno del mondo* in "Il grande male")

CENNI BIOGRAFICI[225]

DAVID MARIA TUROLDO

1916	Giuseppe Turoldo nacque il 22 novembre a Coderno, frazione del paese friulano di Sedegliano, nono di dieci fratelli, da una famiglia contadina, umile e molto religiosa.
1929	A soli tredici anni entrò come novizio nel convento dell'Ordine religioso dei Servi di Maria al Cengio a Isola Vicentina.
1935	Il 2 agosto emise la sua prima professione religiosa assumendo il nome di frà David Maria
1938	Il 30 ottobre pronunziò i voti solenni a Vicenza.
1940 - 45	Il 18 agosto fu ordinato sacerdote nel Santuario della Madonna di Monte Berico di Vicenza. Venne trasferito a Milano presso il convento di Santa Maria dei Servi di San Carlo al Corso. Dal 1943 al 1953 tenne la predicazione domenicale

225 www.associazioneturoldo.it/david-maria-turoldo/

presso il Duomo di Milano, sotto invito del cardinale Ildefonso Schuster.

Dal 1943 al 1945 collaborò con la Resistenza e fondò con altri amici il foglio clandestino *L'Uomo*, nella "scelta dell'umano contro il disumano", pegno che si estende lungo tutto l'arco della sua vita. Ne *L'Uomo* pubblica anche le prime poesie, poi edite nella raccolta *Io non ho le mani*.

In questo periodo fondò con padre Camillo De Piaz "*La corsia dei Servi*".

Fu uno dei principali sostenitori del progetto Nomadelfia, il villaggio nato per accogliere gli orfani di guerra "con la fraternità come unica legge", fondato da don Zeno Saltini nell'ex campo di concentramento di Fossoli presso Carpi: grazie alla sua abilità di oratore riuscì a raccogliere molti fondi presso la ricca borghesia milanese.

1946 Completò i suoi studi in filosofia all'Università Cattolica di Milano, con la tesi dal titolo *La fatica della ragione. Contributo per un'ontologia dell'uomo*, con il filosofo Gustavo Bontadini.

Sia Bontadini che Carlo Bo gli offriranno il ruolo di Assistente universitario, il primo presso Filosofia Teoretica a Milano, il secondo presso la cattedra di Letteratura all'Università di Urbino.

1948 Rifiutò di sostenere la Democrazia Cristiana sostenendo che «non bisogna confondere la Chiesa con un partito, né un partito con la Chiesa».

Pubblicò due liriche, dal titolo *Io non ho mani* (che gli valse il Premio letterario *Saint Vincent*) e *Gli occhi miei lo vedranno*.

1953 Il Santo Uffizio, insospettito per il suo pensiero troppo "liberale" nel concedere spazio alla coscienza e per il suo aperto sostegno all'opera ancora incompresa di don Zeno Saltini, aveva chiesto ai superiori dell'Ordine di allontanarlo dall'Italia. Iniziò così un lungo itinerario che gli fece toccare diverse Case servite, in Austria, Baviera, Inghilterra, Stati Uniti, Canada. Furono comunque esperienze molto interessanti, che lo arricchiranno culturalmente e lo faranno conoscere e apprezzare ad un vasto mondo.

1955 Nel venne assegnato al convento della Santissima Annunziata di Firenze, ma solo nel 1964 fu reinserito stabilmente in Italia, anche per l'interessamento del sindaco Giorgio La Pira, da sempre attento ai temi del dialogo e della pace tanto cari anche a Turoldo, di cui divenne buon amico e stretto collaboratore.

1961 viene trasferito nel convento di Santa Maria delle Grazie, a Udine. Qui iniziò a frequentare Pier Paolo Pasolini (che, agnostico, realizzerà nel 1964 il *Il Vangelo secondo Matteo*), grazie alla cui collaborazione realizza il suo unico film, *Gli Ultimi* (1962).

1964 Turoldo decise di ristrutturare l'antica ex abbazia cluniacense di Sant'Egidio a Fontanella di Sotto il Monte, il paese di origine di papa Giovanni XXIII, scomparso solo l'anno precedente. Fondò e divenne priore di una piccola comunità, "*Casa di Emmaus*", presso la quale istituì il Centro di studi ecumenici "*Giovanni XXIII*", aperto anche a persone atee e di altre fedi, come quella islamica, all'insegna di un ecumenismo radicale.

1974 Nel in occasione del referendum abrogativo della legge sul divorzio, si schierò per il "no".

1992 Affetto ormai da anni da un tumore al pancreas, dopo un itinerario in vari luoghi di cura, 6 febbraio morì all'ospedale "San Pio X" di Milano

Il 2 febbraio, al termine della messa domenicale, si era congedato dai fedeli con la frase: «la vita non finisce mai!». I suoi funerali videro la partecipazione di oltre tremila persone, gente semplice frammista a intellettuali, in attesa per ore di arrivare alla sua bara.

BIBLIOGRAFIA

CONCILIO VATICANO II, Costituzione dogmatica sulla Chiesa *Lumen Gentium*, in Enchiridion Vaticanum, I, EDB, Bologna, 1981.

Testi di David Maria Turoldo

TUROLDO D. M., *Io non ho le mani*, Bompiani, Milano, 1948.

TUROLDO D. M., *Fine dell'uomo?*, Scheiwiller, Milano, 1976.

TUROLDO D. M., *Alla porta del bene e del male*, Mondadori, Milano, 1978.

TUROLDO D. M., *Amare*, p. 153, San Paolo, Milano, 2002.

TUROLDO D. M., *Canti ultimi,*, Garzanti, Milano, 1991.

TUROLDO D. M., *Mia infanzia d'oro*, Servitium, Milano, 2012.

TUROLDO D. M., *Mie notti con Quhelet*, Garzanti, Milano, 1992.

TUROLDO D. M., *Il fuoco di Elia profeta*, a cura di Gandolfi Negrini E., Piemme, Casale Monferrato, 1993.

TUROLDO D. M., *La mia vita per gli amici. Vocazione e resistenza*, Mondadori, Milano 2001.

TUROLDO D. M., *Dialogo tra cielo e terra*,, a cura di Gandolfi Negrini E., Piemme, Casale Monferrato, 1993.

TUROLDO D. M., *La parabola di Giobbe*, a cura di Levi A., Cens, Cernusco sul Naviglio, 1992.

TUROLDO D. M., *Nel lucido buio,* Bur Rizzoli, Milano, 2008.

TUROLDO D. M., *Come i primi Trovatori. «In amore di nostra Donna»*, Cens, Liscate, 1988.

TUROLDO D. M. - RAVASI G., *Opere e giorni del Signore*, Paoline, Cinisello Balsamo, 1989.

TUROLDO D. M. - RAVASI G., *«Viviamo ogni anno l'attesa antica». Tempo di Avvento e di Natale. Commento alle letture liturgiche*, San Paolo, Cinisello Balsamo, 2002.

CAVALLO O. (Ed.), *Pensieri e parole di David Maria Turoldo*, Paoline, Milano, 2012.

Altre fonti

CASTELLI F., *David Maria Turoldo: Una vita tra poesia e profezia,* in «La Civiltà Cattolica», Roma, III/143/3409, 1992.

CRESPI S., (Ed.), *L'uomo. Pagine di vita morale*, Biblioteca di «Otto/Novecento», Milano.

FISCON A.-GRANDESSO E. (Ed.), *Testimonianza e poesia, David Maria Turoldo*, Edizioni del Noce, Camposampiero, 1993.

FLAUNBERT G., *Tre racconti da Camillo Sbarbati*, Scheiwiller, Milano,1987.

GOZZINI G., *Sulla frontiera. Camillo De Piaz, la Resistenza il Concilio e oltre*, Scheiwiller, Milano, 2006.

MATTANA G., *Turoldo. L'uomo, il frate, il poeta*, Paoline, Milano, 2012

MATTANA G., *La poesia di David Maria Turoldo*, tesi presentata per il Master of Arts alla University of South Africa, Pretoria, 1989.

NICOLAI PAYNTER M., *Perché libertà sia libera. Memorie, confessioni, riflessioni e itinerario poetico di David Maria Turoldo*, Rizzoli, Milano, 1992.

PONZATO A. - ZOIS G *Il coraggio di sapere. Padre Turoldo*, Ferrari, Clusone, 1992.

PRATO D., *Le ore*, Scheiwiller, Milano, 1987.

Sitografia

www.ccdc.it

www.comune.lecco.it

www.famigliacristiana.it

www.adorazioneeucaristica.it

servidimaria.net http

www.ilgalileo.eu

www.mosaicodipace.it

www.santiebeati.it

www.stpauls.it

www.associazioneturoldo.it

INDICE

CAPITOLO III

L'ERESIA AMBROSIANA

CAPITOLO IV

NOMADELFIA E L'ESILIO

CAPITOLO V

L'ABAZIA DI SANT'EGIDIO

Printed by Books on Demand GmbH, Norderstedt / Germany